J. B Nordhoff

Römerstrassen und das Delbrückerland

J. B Nordhoff

Römerstrassen und das Delbrückerland

ISBN/EAN: 9783743414211

Hergestellt in Europa, USA, Kanada, Australien, Japan

Cover: Foto ©ninafisch / pixelio.de

Manufactured and distributed by brebook publishing software
(www.brebook.com)

J. B Nordhoff

Römerstrassen und das Delbrückerland

Römerstraßen

und

das Delbrückerland

Von

Dr. J. B. Nordhoff,

Professor an der Königl. Akademie zu Münster.

Münster, 1898.

Druck und Verlag der Regensbergschen Buchhandlung.

Gedruckt
mit Unterstützung des Vereins für Geschichte und
Alterthumskunde Westfalens.

Mit der prähistorischen Karte[1]) Westfalens beschäftigt, sah ich mich gegen Ende der Herbstferien angetrieben, schon mit den Einträgen der beiden Regierungsbezirke Minden und Arnsberg den Anfang zu machen, und das namentlich aus dem Grunde, um zu erfahren, ob sich dabei nicht noch Vortheile für den ersten Kartenplan, nämlich für den R.-B. Münster ergäben. Es können doch gewisse Grenz-, Theil- und Streufunde, die hier vereinsamt und dem Charakter nach irgendwie unklar vorliegen, dadurch sehr an Verständniß und Bedeutung gewinnen, daß anderswo ihre ursprünglichen Zubehörungen auftauchen; vollends klären und gestalten sich manche Weges- und Dammzüge und zumal die Lage ihrer vergangenen Theilstrecken, wenn sich in der Ferne sichere Anschlüsse und Ergänzungen herausstellen.

Zu den ersten Einträgen des R.-B. Minden gehörte der Fund einer römischen Münze zu Westenholz, westlich von Delbrück, dessen Quelle, gerade wie jene anderer Denkmäler, beim Fortgange der Karten-arbeit unter den weitschichtigen Fundnachrichten der Druck- und Hand-schriften nicht eigens im Auge behalten wurde. Und doch wäre, wie mir bald beim Ueberblicke der Einträge einleuchtete, dies um so ge-rathener gewesen, als gerade dieser Fundort[2]) eine außerordentliche Tragweite besaß. Ich hatte also im ersten Satze dieser Schrift schon, um die Unterlassung zu entschuldigen, die Versicherung ausgesprochen, daß der Fundort Westenholz dennoch ebenso glaubwürdig sei, wie jeder andere, — da ging mir die Belegstelle wieder auf „eine handschriftliche Notiz im Archiv des Alterthumsvereins zu Paderborn."[3])

Worin liegt der Werth des Fundes und des Fundortes? Darin, daß der Fund für Westenholz als eine Station einer Römerstraße schwer

---

[1]) Ueber das mit Herrn Dr. Fr. Westhoff begonnene Kartenwerk vgl. N. und Westhoff, Römische Straßen, Landwehren und Erdwerke in Westfalen in den (Bonner) Jahrbüchern des Vereins von Alterthumsfreunden im Rheinlande (1895) H. 96, 184 ff; dies., Neue römische Funde in Westfalen in der (Westfäl.) Ztschr. für Geschichte und Alterthumskunde 1895 Bd. 53, 259 ff. und Nordhoff das. 54, I. 186 f.

[2]) Ueber die große Bedeutung der genauen Fundstelle N. und W. in der Westfäl. Ztschr. 53, 288 ff.

[3]) Bei J. Schneider, Heer- und Handelswege der Germanen, Römer und Franken im deutschen Reiche 1890, IX, 8.

1

in die Wagschaale fallen kann, was man in Anbetracht der Lage und
Geschichte des Platzes nicht erwarten sollte; denn Westenholz gingen
einst höchstens heimische Wege, keine Verkehrsstraßen zu; im Gegentheile,
es sah sich der laut seinem Namen wohl von jeher mit Holz bestan=
dene Ort Jahrhunderte lang durch ein sumpfiges Unland von der
Welt abgeschieden und erfuhr so langsam eine Cultur und Besiedelung,
daß es, bis dahin eine Filiale des östlichen Delbrück, erst 1717 also
unter den letzten Plätzen der Senne Pfarrrechte überkam.[1]

Nun wurde schon früher erörtert,[2] daß auf der Karte zu
Wadersloh bei Schulte Brexel eine von Westen gekommene Römer=
straße plötzlich mit ihren Dämmen abbricht, und daß, wenn der römische
Feldoberst Germanicus im J. 15 nach Chr. auf der äußersten, d. h.
der östlichsten Grenze der Kleinbructerer[3] etwa zu Stromberg[4] oder
Wadersloh, um das Schlachtfeld zu erreichen, ein so wüstes Unland zu
passiren hatte, daß erst Kundschafter darin behufs Wege= (aggeres) und
Brückenbauten die Bodenverhältnisse untersuchen mußten, nirgendwo
anders im Osten ein so unwegsames Zwischengebiet vorlag, als die
weite Sinethi=Zone. Sie grenzt ja mit ihrem Westsaume an, ursprüng=
lich wohl gar ins heutige Gebiet von Bentler zu Wadersloh und be=
rührte hier ungefähr die Ostspitze der genannten Römer=Straße; denn
ihre Dämme rückten, wie man mir im Mai vor. J. an Ort und
Stelle aus lebendiger Erinnerung[5] angab, von Brexel weiter nach Osten
bis Lütke Struchtrup. Und später gelang es dem Kaufmann Herrn
H. Brenken,[6] sie noch weiter über die Lippstadt=Wiedenbrücker Chaussee
bis Lütke Wietfeld, d. h. bis an den Anfang der einstigen Faulgründe
zu verfolgen.

---

[1] L. A. Holscher in der Westfäl. Ztschr. 44 II, 96.

[2] Westfäl. Ztschr. 53, 317, 315.

[3] Ueber deren Wohnsitze Nordhoff in der Ztschr. für Preußische Geschichte und
Landeskunde (1883) XX, 195, und die Verbesserungen bei N. und Westhoff in der
Westfäl. Ztschr. 53, 310. Uebrigens können die Ost-Emsgebiete von Harsewinkel und
Wiedenbrück, die jetzt dem Sprachgebiete der Kl. Bructerer angehören, auch erst später
von diesen bezogen und bis dahin von andern Völkern nach A. Deppe in den Bonner
Jahrbb. 89, 94 etwa von den Amsibaren bewohnt gewesen sein. Bructerer-Ackerbau-
volk? Vgl. Fr. Woeste in der Ztschr. des bergischen Gesch.-Vereins IX, 73.

[4] Stromberg kann jetzt nicht mehr in Betracht kommen, weil sich inzwischen
von hier bis Delbrück eine gerade Straßenverbindung herausgestellt hat. Vgl. unten S. 14.

[5] Darnach ist sie schon vor Jahren von Professor Dr. Hülsenbeck in Augen-
schein genommen, also entdeckt.

[6] Zu Wiedenbrück laut Schreiben von 1897 12, 8.

Es fragt sich nun, ob der römische Kriegsweg nicht noch tiefer in den Osten, d. h. durch das entgegenstehende Unland verlängert worden ist.

Die Landwehren, zumal die heimischen, finden häufig an einer Naturwehr, was ja die Senne im höchsten Sinne war[1]), einen beabsichtigten Ab= oder Anschluß, eine Straße, wenn nicht wie zu Cappel, besondere Umstände dazu nöthigten, nirgendwo; zudem besitzt die Wadersloher eine so ausgeprägte Bauart und solche Flankenwehren, als ob ihre Endschaft in weiterer Ferne liegen müßte. Freilich besagte die Fortführung kein geringes Unternehmen; denn gerade die Senne[2]) entsprach mit ihren Holzoasen, Faul= Morast= (= humida paludum) und tückischen (grünen) Morsch= (= fallacibus campis) Gründen[3]) einem Boden=Complexe, wie er dem Germanicus auf seinem Vormarsche zum Schlachtfelde im Wege lag. Doch die Römer bahnten sich ja überall, wo Richtung und Kriegsplan es geboten, durch die beschwerlichen Striche ihre Wege, wie das viele Moorbrücken in Norden, die oft genannten pontes longi, die später hier noch anzuführenden Straßen der weitern Senne und klarweg der beregte Plan des Germanicus bezüglich der Sumpfzone beweisen, die ihn vom Varusfelde schied.

Hatten sie vorher, wie deutlich ein Vergleich ihrer hiesigen Kriegsstraßen darthut, eine Zweiglinie von Dolberg über Liesborn[4]) mit einem Umwege, der übrigens auch, wie sich zeigen wird, dem Punkte Cappel zu Gute kam, auf Delbrück geleitet, so konnte am Ende im Kriegsgedränge den Germanicus von der Weganlage auch keine so heikle Zone abschrecken, wie jene, die zu Bentler östlich an die Wadersloher Dammstraße stieß. Plan und Ueberlegung erleichterten die Aus-

---

[1]) Vgl. Westfäl. Ztschr. 53, 309 f.

[2]) Näheres über die einstige Natur der Senne und ihre Holzwinkel. N. in den Bonner Jahrbb. H. 95, 224 ff. N. und Fr. Westhoff a. O. B. 53, 315. Ueber die Sumpfgegend in Nordosten von Delbrück (Hövelhof) vgl. Wigands Archiv f. Gesch. u. Alterthumskunde Westphalens. 1831. IV, 482.

[3]) Tacitus, Annales I, 61: Praemisso Caecina, ut occulta saltuum scrutaretur, pontesque et aggeres humido paludum et fallacibus campis imponeret, incedunt moestos locos visuque ac memoria deformes. „Saltus mit dem Zusatze occulta unbestreitbar bloß „Wälder", wie ja Tacitus l. c. XIII 54 und IV, 72 sogar in den flachen Niederlanden saltus anführt. Vgl. l. c. I, 56 die resultantes saltus."

[4]) Schneider, Neue Beiträge zur ältern Geschichte und Geographie der Rheinlande 1878 XI, 8, 15 f. u. Karte. derf. Die alten Heer und Handelswege VIII, 3, 5, F. W. Schmidt in der Westfäl. Zeitschrift. (1859) 20, 272 ff. 292. G. Schierenberg daf. 46 II, 128.

führung. Die ausgesandten Kundschafter konnten ihm nur die gerade
Ostrichtung empfehlen; eine Abweichung hätte die Flucht der Bentler
Dammstraße aufgegeben und in der ersten Süd= oder Nordrichtung nur
tiefer und länger in die Sümpfe geführt; denn im Norden bestimmten
die Möse[1]) und der schwarzen Graben,[2]) im Süden das Fenne und
die Niederungen des Haustenbaches die gerade Flucht;[3]) sie verhieß
zudem in gut zwei Stunden einen festen und günstigen Endpunkt zu
Delbrück und bot überhaupt den einzigen und um so leichter zu über=
windenden Paß, als dieser in gewissen Abständen holzreiche Stationen[4])
(occulta saltuum) hatte, das schon genannte Westenholz und vorher
Mastholte. Letzter Punkt hat es gleichfalls spät (1610), wenn auch
früher als Westenholz, zu Pfarrrechten gebracht.[5]) Die Bahn durch ein
solches Gebiet vermittelten wahrscheinlich je nach der Natur des Unter=
grundes ein Dammwerk aus Erde wie im Merfelder Bruche,[6]) ein
solches aus Hölzern, wie es auch anderwärts z. B. in der nassen Davert
bei Amelsbüren die Lücken der Dammstraßen gefüllt haben muß, und
endlich förmliche Brücken. Wo die Bahn blos aus Hölzern bestand,
ist sie heute sicher vergangen, wo sie eine Brücke oder ein Damm
war,[7]) mögen sich noch Reste oder Spuren davon auffinden lassen.

---

[1]) Ueber die Ausdehnung dieses Morastes, der auch das Delbrücksche vom Riet-
bergischen schied, vgl. Westfäl. Ztschr. 53, 316.

[2]) Fast im Norden neben beiden geht von Bentler d. h. vom Hammoor ein
Wallwerk nach Bockel und zwar auf Graswinkel, Hückersbaum, und Arnhorst, (Bericht
des Herrn Hugo Brenken vom 3. März und 24. Mai 1897) und schloß ungefähr
hier an eine große Straße auf Delbrück. (Hatte sie vielleicht eine Fortsetzung auf
Rietberg — der Weg Kaunitz-Helleforth soll Römerstraße heißen — und gegenseits
über Bahlhaus bis zum „Römerg" bei Wadersloh?) Eine zu Hammoor gefundene
nackte Figur ist nach örtlichen Erinnerungen mit altem Eisen verkauft worden.

[3]) Daran schloßen bis zur Lippe (Cappel) die blanken oder nassen Sandstrecken
des Lippischen Bruches. Schmidt in der westfäl. Ztschr. 20, 273, F. Hülsenbeck,
Paderborner Gymnasial-Programm 1871 S. 16.

[4]) „So alt, wie das Delbrücker Land sind auch seine Eichen." W. Schmidt
in der Westfäl. Ztschr. XVIII, 13.

[5]) Holscher a. O. 37, II, 34.

[6]) R. u. Westhoff in Bonner Jahrbüchern 96, 189 f.

[7]) Unwegsame (Tac. l. c. I, 63) und schlüpfrige Landstriche, unsichere, verdeckte
(Caesar, Bellum Gall. VI, 34) und hohle Wege, Wälder, Sümpfe und tückische Grün-
flächen (Tac. l. c. I, 61) wurden vom römischen Miles wohl nirgendwo (Plutarch,
Lucullus c. 15, 32) so gefürchtet, ja verwünscht, wie hier, (Vellejus, Histor. Rom.
II, 119, Florus, Epitome IV, 12) und den damit verbundenen Beschwernissen, Hinter-
halten und anderen Gefahren des Vormarsches und der Zufuhr steuerten zunächst feste
Kunststraßen oft in solchen Abständen, daß wenn man sie benützte, unter den benach-

An der nächsten, d. h. westlichsten Station Mastholte haben sich seither keine Spuren oder Anzeichen eines Römerverkehrs gemeldet, um so offener tauchen solche gleich östlich davon in den Gemeinden Westenholz und Delbrück auf; zu Westenholz zunächst außer jener Römermünze Urnen, deren wir später auch solche mit bestimmten Fundorten treffen, in einer natürlichen Sandhöhe Kohlen, eine Steinwaffe und vielleicht als römisches Erzeugniß ein kleines, formschönes Eisenbeil,[1] endlich zwei weitere Kriegswerkzeuge; diese sind gesammelt vom Regierungs-Rath Meyer zu Minden und jetzt Bestandtheile des großherzoglichen Museums zu Oldenburg.[2] In dem Verzeichnisse der reichhaltigen Sammlung Meyer, welche mir der Herr Archivrath Sello zu Oldenburg abzuschreiben die Güte hatte, entfallen von den Stücken, welche ausnahmslos dem R.-R. Minden entstammen, zwei auf Westenholz, es sind Streitkeile.

„Der Eine ist von Sandstein, geschliffen, an den Schmalseiten rundlich. Das Kopfende sehr verjüngt und wiederum rundlich. Länge 101, Breite unten 59, oben 8, Dicke 28, Kopfende 7 mm, Schneide fast gerade, Fundort Mertensmeyers Colonat, unter einer Eiche (1810.)

Der Andere ist aus Quarz, geschliffen, kantig, Kopfende abgesplittert. Länge 103, Breite unten 55 oben 32, Dicke 21, Kopfende 19 mm, Schneide sehr scharf, flacher Kreisabschnitt. Fundort Scheelen-Colonat.

---

barten eine gewisse Fühlung zu halten war. Man vergleiche über die Beschaffenheit und Forschungskriterien einer Römerstraße Schneider, Neue Beiträge zur alten Gesch. und Geographie der Rheinlande 1874 V, 18 VIII, 2 ff. XIII, 9 ff. derf. Heer und Handelswege VI, 13, VIII, 25. X, 12 ff. derf. in Picks Monats-Schrift für die Geschichte Westdeutschlands V, 515 ff. VII, 44 ff. General v. Veith in den Bonner Jahrbb. 76, 12 ff. N. u. W. das. 96, 205 ff. Westfäl. Ztschr. 53, 264 ff, E. Paulus, Die Römerstraßen mit besonderer Rücksicht auf das römische Zehntland (und den dortigen Reichthum an römischen Straßen) 1857 S. 7 ff. 16 f. „Von dem römischen Straßennetz in Ober- und Niedergermanien . . . haben wir nur einzelne, obgleich zahlreiche Bruchstücke. . . Seit dem zweiten Jahrhunderte war das Grenzland nach allen Richtungen von Straßen durchschnitten, deren weder das Itinerar Antonins, noch die Peutingersche Tafel erwähnen." Krieg v. Hochfelden, Geschichte der Militair-Architektur in Deutschland 1859 S. 14, 15.

[1] W. Tappe, Die wahre Gegend und Linie der dreitägigen Hermannsschlacht, 1820, Nachtrag 1822 S. 34, Beil und Steinwaffe Taf. II, 17, 19 — ohne genaue Ortsangabe.

[2] Vgl. G. Sello, Denkmalschutz im Herzogthum Oldenburg in den Schriften des Oldenburgischen Vereins für Alterthumskunde und Landesgeschichte 1893. VIII, 20.

Hier ist, was dem Kartenarbeiter selten begegnet, außer dem nahen auch der nächste Fundort angegeben; der Scheelenhof liegt im Süden am Südhagen, Mertensmeyer aber gibt es zwei, einen etwa ein brittel Meile östlich (ein wenig südlich) von Mastholte, also in der Ostrichtung auf Westenholz, und einen von diesem Orte im Norden — alle drei halten von Bentler aus die Richtung auf Delbrück.

Und gerade so ursprünglich[1]) wie die Waffen — eine unter einer Eiche — lagerte hier sicher auch die Münze. War sie aus späterer Kaiserzeit, so rührte sie von römischen oder andern mit Römergeld hanthierenden Kaufleuten; war sie älter, so konnte sie mit den Römer= kriegen zusammenhangen; eine andere Art der Einführung erscheint zu Westenholz ausgeschlossen.[2]) Wie dem auch sei, im einen wie im andern Falle kam sie keinem Wege vom Süden, wo der sumpfige Haustens= bach, noch weniger, einem vom Norden zu, wo die morastige Möse sich behnte, sie kam vom westlichen Bentler zu Wabersloh, oder vom östlichen Delbrück, oder vielmehr dies waren die einzigen Richtungen, worin Westenholz so gut wie Mastholte seinen Ab= und Zugang hatte. Den Weg dahin theilte der römische Krieger mit dem Handelsmanne, denn dieser[3]) benützte doch, nach den Fundstellen späterer Römermünzen im ganzen Lande zu urtheilen, noch Jahrhunderte, nachdem jener ab= gezogen, seine Kriegsstraßen.[4])

Westenholz war, das besagen die mannigfaltigen Funde, in uralter Zeit der Boden außergewöhnlicher Vorgänge: da haben die

---

[1]) Ein einzelner Flankenfund kann örtlicher Natur, oder, jedoch selten, ein späterer Streufund, er kann auch einem etwaigen Kreuz= oder Querwege angehörig sein, um so mehr bedeuten zahlreiche Seitendenkmäler wie jene der meisten Straßenstrecken, die wir hier behandeln. Doch brauchen römische Massenfunde nicht jedesmal von den Römern herzurühren. Vgl. H. Hartmann in Piccs Monatsschr. VI, 515 ff. Schneider, Heer= und Handelswege. VI, 10.

[2]) Zu Westenholz besaß um 1820 der Vicar oder Kaplan Hülskötter eine Sammlung von örtlichen Alterthümern, deren Provenienz nachzuweisen war, und hätte ihr die beregte Münze angehört, so wäre sie gewiß nicht übersehen von Tappe a. O. Nachtrag S. 10, 13, 34.

[3]) Schneider, Heer= und Handelswege VI, 15, IX, 35. Vgl. Tacitus, Ger- mania. c 5, 41 Hartmann in Piccs Monatsschr. VI, 519. W. Wackernagel, Kleinere Schriften (1872) I, 63. In Germanien war wenig Handel und nur mit Rohstoffen. das. I, 20.

[4]) Wie später die Franken. Vgl. B. Eöteland, Ueber die Straßen der Römer und Franken zwischen der Ems und Lippe 1825 (nach Schriften), Schneider Neue Beiträge IV, 9 (nach Denkmälern). Vgl. Ch. G. Clostermeier, Wo Hermann den Varus schlug. 1822 S. 49.

Germanen ihre Streitaxt geschwungen, dahin Römer ihren Fuß gesetzt. Was die genauere Lage der Wege betrifft, welche diesen nach den näher bekannten Fundstellen offen standen, so mögen sich der südliche Mertens= meier wie sein Nachbar mit dem Hofnamen Wol(e)ke[1]) einer süd= lichen, nämlich der Dolberger Linie (S. 3) anschließen, auf den nördlichen Mertensmeier kommt eine andere Linie, jene von Bentler und diese kann, da an andere Urheber nicht zu denken, nur von den Römern angelegt sein und das um so zweifelloser, als sich ihr Lauf oder viel= mehr ihr Abschluß aus dem Norden von Westenholz nach Osten klar verfolgen läßt, zunächst auf Delbrück.

*   *   *

Die Delbrücker Oasen wetteifern als Knotenpunkt von Römer= straßen, wie es scheint, mit Verl, übertreffen jedoch alle Stätten der weiten, öben Senne als Schauplatz urgeschichtlicher Ereignisse und daher auch als Fundgrube mannigfaltiger Alterthümer.

Mit der Delbrücker Gegend von Jugend auf vertraut, schreibt Herr Hugo Brenken unter dem 3. März 1897 über die Gegend von Steinhorst[2]) (nördlich von Delbrück):

„Die Grabungen in der Gemarkung Espeln in den 50er Jahren am sogen. Monschein=Knapp . . . haben goldene Spangen, Armbänder,

---

[1]) die in den Namen „Ed (er) Egge (er) Ede (. . . te, eid . . . id . . . t . . . ich . . en . . ei) Horn, Hoet, (Hucke) Winkel" angezeigten Schranken können natürliche (z. B. ein Wasser), historische (z. B. eine Landesgrenze) — aber auch, schon nach den vielen Belegen dieser Schrift, urgeschichtliche sein, so namentlich bei Darphorn zu Dackmar die Ems und eine Landwehr, bei Hörning südlich von Rhede Langwälle, bei Hoeckesfeld südöstlich von Lüdinghausen die Stever und eine Landwehr, bei Winkel= mann und Hünewinkel die Ems, der Wappelbach und eine Heerstraße, (unten S. 41) bei Winkelhorst zu Almeloe die Berkel und eine Grenzwehr, bei Winkelhorst (Hof) zu Liesborn die Gabel einer Lippe=Wehr (S. 18); hier Hoekenbäcker (bächer) und ein Winkelbusch auf derselben Seite eines Baches und einander gegenüber an einer Land= wehr; Bockwinkel zu Stadtlohn größtentheils in den Ringwerken der Hünenburg; El= berich zu Rünthe (Situation bei Nordhoff, Kunst= und Gesch.=Denkmäler der Provinz Westfalen Kr. Hamm 1880 I, 19) fast auf der Westede der Bumannsburg. Wie der Name „Wenden" verräth auch „Hessel" (Hasel=Grenzstaude H. Bötger, Diöcesan= und Gaugrenzen Norddeutschlands I, 4, 9 II, 7, III, 11) eine Schranke, und das um so mehr, wenn, wie bei Hesselmann zu Güttingen, die Strauchpflanzen auf einem Langwall standen.

[2]) Die häufige Wiederkehr des Ortsnamens Stein gemahnt stellenweise sicher an den massenhaften Gebrauch des gleichnamigen Materials in der Urzeit. Aus Stein bestanden allerlei Geräthe, Waffen, Schmucksachen und Gegenstände der Wirthschaft (Nordhoff im Correspondenzbl. f. Anthropologie . . . 1890 S. 106), monumentale Altäre, Göttersymbole, Richtersitze, Markzeichen, Pflaster, niedrige und hohe Kreis=

Opfermesser zu Tage geförbert,[1] die an das Berliner Museum abgegeben sinb.[2] . . . Eine golbene Spirale befinbet sich im Besitz bes Herrn Gerichtsraths Mumpro zu Herforb. Der Monschein=Knapp ist ein ca. ¼ Morgen großer 5 m hoher Hügel, ber mit Steinen unten abgesetzt war."

Er befanb sich zwischen anbern Höhen etwa 7 km im Norben von Delbrück unb bestanb aus fünf Hügeln; ber Umfang betrug bei vieren 50, bei einem 66 m; ber Abstanb ber benachbarten wechselte zwischen 37 unb 38 m. Regelmäßig wie bie einzelnen erbaut, waren sie auch im Ganzen gruppirt: zwei norbwärts gerichtete stanben senk= recht auf ben brei übrigen, welche eine Axe hielten, unb ber westlichste von biesen war jener von 66 m Außenkreis. Daran schlossen ein norb= ostwärts geneigter Wall („Römerschanze"), ber Brunenknapp, nörblich ber Siegenbrinks=Knapp, westlich ber Haspelkamp unb „Römerwall".

„Beim Kellerhofe, heißt es weiter, nörblich von Delbrück finbet sich ber Lübbenbamm, ber unter rechtem Winkel abbiegt. Es sei noch erwähnt ber Hövelhoferbamm bei Dämmer von Westen nach Osten ziehenb, (ber) Funb einer Hellebarben ähnlichen, blanken Waffe am Haller=Fluß am Haller=Brink in Ostenlanb; (eine) Schlackenhalbe bei Koch unb Kruckemeyer in Steinhorst, (bie) Auffinbung eines Feuerstein= Schmuckes in Linsenform mit einem (geschnittenen) Stern in ber Mitte. Erwähne noch bie von mir in ben 70= unb 80er Jahren auf bem Waßmann'schen Hofe (östlich) bei Delbrück ausgegrabenen Pfähle ca. 1½ m im Durchmesser. Dieselben[3] waren ca. 600 m zu verfolgen; es fanben sich auch Urnentheile bazwischen.

setzungen, Grabkammern, Hünenbetten, allerhanb Gemäuer (Vergl. Bonner Jahrbb. 91, 240 s. vv.) auch sächsische Burgzingeln, bie inbeß ben Namen „Stein" noch nicht, wie einzelne historische Schlösser, (Norbhoff, Holz= unb Steinbau Westfalens 1873 S. 210) ihrem Stanborte vernacht haben. Da nun z. B. zu Steinbeck bei Recke ein Hünen= bett unb ein großer Granitblock (J. H. Müller, Ztschr. bes hist. Vereins für Nieber= sachsen 1867 S. 314), ber Hof Steenkamp zu Coesfeld fast im Bereiche eines mäch= tigen Steinkreises (Norbhoff, Westfalen=Lanb unb bie urgesch. Anthropologie, Geschicht= liches, Sammlungen, Literatur u. s. w. Mit einer Karte 1890 S. 7. R. 2) lag, bie Flur Steinstoot bei Detmold große Granitgeschiebe enthielt (C. Clostermeier a. O. S. 193) so mögen auch zu Steinhorst rohe ober irgenbwie verbaute Blöcke vorhanben gewesen unb später, wie leiber fast überall, zu allerhanb Verwenbung beseitigt sein.

[1] Außerbem nach späterer Mittheilung eine Urne, ein Stück eines Säbelgriffes unb laut Protokoll bes bortigen Alterthums=Vereins von 1842 4, 5. ein golbener Ring, über bessen Beschaffenheit unb Verbleib nichts zu ermitteln ist.

[2] Nach einer gütigen Erwiederung bes Herrn General=Directors Schöne d. d. 1898 18. 1. an Herrn W. Brenken zu Münster befinben sich biese Stücke in keiner Berliner Sammlung.

[3] Wir kommen auf sie S. 25 zurück.

„Es geht im Delbrücker Lande die Sage, nach dem Haspelkampe hätten sich die alten Deutschen in Kriegsgefahr stets zurückgezogen[1]) unter dem Rufe Hillger Jo(eh.) Es ist dies inmitten der Sümpfe eine Erhöhung gewesen, wohin Niemand hätte kommen können. Der Alterthumsverein[2]) benutzte diesen Ruf:

Hillger Jo, hillger Jo
Na'n Haspelkamp[3]) hento[4])

stets, um die Delbrücker Herren zur Zusammenkunft nach dem Sandertruge einzuladen; es hatte aber Niemand Ahnung (mehr) davon, daß im Delbrücker Lande wirklich noch eine Gemarkung Haspelkamp bei Colon Höings in Ostenland existirt."

Die Alterthümer mehren sich noch beträchtlich wie an Kleinfunden so an Erdwerken,[5]) und schon in schlichter Anführung bilden die römischen gleichsam den Hauptstock, und greifen von den übrigen einige

---

[1]) Gerade wie zu einem andern von Sumpf umschlossenen Haspelkamp 2—3 km östlich von Rietberg die Anwohner.

[2]) Oertlicher Alterthumsfreunde; ihr Stiftungsbrief und einige Fundprotokolle vom J. 1842 sind im Besitze des Herrn Engelbert Brenken zu Delbrück.

[3]) Ueber Haspel vergl. J. Grimm, Deutsche Mythologie 2 A. I, 618.

[4]) Ein anderes Lied aus dem „lentlein Delbrügge", dem „classischen Boden des altsächsischen Gottesdienstes", von dem heidnischen Kriegs- und Rechtsgotte (Thiu) bringt Chr. Petersen in den Forschungen zur deutschen Geschichte (1866) VI, 236:

S. Jobute war ein heiliger Mann,
Wie der Feind kam, ging er voran. . .

Vgl. Woeste a. O. X, 31; dagegen H. L. Ahrens im Programm Lyceum I Hannover 1872 S. 26. Der Ruf Herm (Harm) kam bei B. Hune, Gymnasial-Programm Meppen 1879 S. 10. Volkslieder leben nach. Die ca. 1 m lange, im Wasser aufbewahrte „Schalmei" setzten zusammen ein Mundstück und ein mäßig gebogenes, der Länge nach gespaltenes, mit eisernen und ledernen Bünden verfaßtes Weidenholz. Das „Pundhorn" zu Verl war aus Kiefernholz.

[5]) Darunter spielen die wichtigste Rolle die Land- und Grenzwerke in den Kriegen der Römer (Tacitus Ann. II, 7 I, 50. weitere Belege bei A. Fahne in der bergischen Ztschr. 1867 IV, 7 ff.), Germanen (Tac. II, 19) und als firmitates (ad ann. 753, 756, 779 in Mon. Germ. Hist. I, 331. 333, 160) als vallum (ad an 758 l. c. I, 141 als crates sive firmitates (ad an. 785 ib I, 17) neben urbs, castrum, castellum ad ann. 776, 779, 810, 811 ib I, 154, 155, 157, 197, 199) der Franken u. Sachsen; spätestens mit der Territorialzeit übertrugen die Landwehren (munitiones provinciae, terrae, Nordhoff, Holz- und Steinbau S. 127, ders. Kunst- und Gesch.-Denkmäler I, 72 Schiller-Lübben, MittelNiederdeutsch. Wörterbuch s. v.) ihren Namen „Lanwer Lanwer, Lanser, Lansert, Lenser, Lamber, Lammer, Lanner, Lanter (Fahne, IV, 12, 21 f.) Lender . . ." auf die urthümlichen (Bonner Jahrbb. 96, 211, Kunst u. Gesch. Denkm. II, 13 f.) wie auf die Langwälle von bedeutender Anlage. Beim Lammerding zu Gr. Reken (B. Hülsten) haftet an einem der Dämme entblößten Graben (Lage, Sunk) der

in die vorrömische, andere in die nachrömische, vielleicht bis in die frühchristliche Zeit.

Auf Meyers Sammlung zu Oldenburg entfallen nach Sello's Verzeichniß folgende Delbrücker Denkmäler: [1]

an Urnen, „eine aus schwarzem Thon, stark mit Quarz und Granit gemischt, 2 kleine Henkel, wo die Ausbauchung beginnt, eingedrückter Kreis, Höhe 17½, Durchmesser 18, im Halse 13½, Fußplatte 8 cm, Inhalt Knochen, — eine kleine mit 2 kleinen Oehren, schwarzer, grob gemischter Thon (Quarz) röthlich überzogen, Inhalt Knochen, Höhe 7½, Durchmesser 10, Hals 8½, Fußplatte 5,2 cm, — eine napfförmige,[2] schwarzer Thon, oben etwas zusammengebogen, Höhe 4,7, Durchmesser 5,7, oben 5,2, Fußplatte 2,2 cm. Weiterhin:

Ein Spindelstein, grau gebrannte Erde, geglättet, das Loch an der einen Seite etwas enger, als an der andern, Lochseite etwas gedrückt, scharf ausgebaucht, wahrscheinlich in Form gepreßt. Fundort Grabhügel mit Urnen.

Ein Amulet(!) von Jaspis, prismenartig geschliffen und mit Loch versehen, untere Seite flach. F. O. Grab. — Eine Lanzenspitze, sehr verrostet.

Eine Axt, Quarz, roher, keilförmiger Stein, Schärfe angeschliffen, ohne Loch, unvollendet, Länge 101 mm, F. O. in einem Grabe (1836),

und schließlich als Prachtexemplar ein Axthammer,[3] Serpentin, auf beiden Lochseiten gereift, geschliffen, an der Seite am Loche stark ausgebaucht, über die Mitte in der Länge eine Rippe, Kopfende rundlich platt, Schneide abgerundet, nach beiden Seiten geschweift, Länge 186, Dicke (Höhe) 30, Breite 51, Schneide 45, Loch 20—19, Entfernung des Loches vom Kopfende 73 mm."

Endlich war in der Consbruch'schen Sammlung zu Bielefeld am bemerkenswerthesten[4] eine im J. 1820 in der Senne bei Delbrück gefundene,

---

Name Lanwer (nicht Landgraben), und die Erklärung der Leute lautet: Doa wöar de grote Hün met sine plog dör tröcken. Mittheilung des Herrn Akademikers Inhestern von 1897 24, 4.

[1] Ueber germanische Alterthümer als Nachbarn alter Römerstraßen vgl. Schneider in Picks Monatsschrift VII, 49, Heer und Handelswege VIII, 28 X, 15.

[2] Eine krugförmige mit Henkel, schwarzer Thon, in Paralleltreisen gerieft, Fuß etwas eingedrückt, gekantet und gefältet, Durchmesser 15 . . . in einem Gewölbe" ist nach Sello's Schreiben von 1898 11, 1. mittelalterlich.

[3] „so zierlich gearbeitet, daß man ihn, wenn er nicht von Stein, sondern von Eisen wäre, für einen Streithammer aus der Werkstatt eines trefflichen Waffenschmiedes halten würde."

[4] L. v. Ledebur, „die Grafschaft Ravensberg in Beziehung auf Denkmäler der Geschichte, der Kunst und des Alterthums." c. 1825 s. v. Bielefeld, der in gleicher Art auch das „Fürstenthum Minden" behandelt hat — in Handschriften des Westfäl. Alterthumsvereins Abtheilung Münster M(s) 2. Der scharfsinnige Forscher (Bonner Jahrbb. 96, 218 N. 2) berücksichtigte hier und um 1826 in Wigand's Archiv 1, II, 129 auch einige Erd- und Steinwerke sowie nach Schriften Kleinfunde; solche und darunter auch vaterländische beschrieb er sodann in dem Werke, „Das Königliche Museum . . . im Schloße Montbijou zu Berlin 1838" S. 162, wo er bezüglich des rein germanischen

14" hohe und 10" im Mündungsdurchmesser haltende und mit einem platten, in der Mitte etwas erhabenen, auf einem sauber durchbrochenen Eisenblech ruhenden Deckel versehene Urne, worin sich außer den gewöhnlichen Knochenresten, noch ein kleines 2⅛" hohes, vollkommen schön erhaltenes von einer Art von Glasur überzogenes Henkeltöpfchen befindet. Nur sehr selten finden sich in Westfalen Urnen mit Deckel und Handhaben."

Außerdem gab es zahlreiche Todtenhügel im Nordosten von Delbrück, so bei den Höfen Meives, Könhorn und Robehuth;[1]) und zu den Metallsachen kommen ein förmlicher Schmuck aus Gold,[2]) ein Messer aus Bronze (im Museum zu Hannover)[3]) und als Grabfunde wiederum aus Steinhorst „die schönen Bronzewaffen" im Besitze des Herrn Stabler zu Paderborn[4]): eine ciselirte Bronzespitze 23 cm l, ein Beil (Kelt) 19 cm l, ein Haarpfeil 19 cm l und darunter als besonderes Werthstück ein Golddraht 8 Ringe von 9 mm Durchmesser und 4/5 mm Drahtdicke.[5])

Unter den Römersachen der Delbrücker Gegend fallen noch auf zwei Urnen, römische Münzen[6]) und ein Theil von 15 römischen

---

(Westfalen-) Landes bedauert, „daß im Vergleich zu andern Gegenden hier so wenig zur Förderung und Kenntniß der im Schooße der Erde ruhenden, materiellen Ueberreste einer heidnischen Vorzeit geschehen ist." Sein sonstiges Forschungsgebiet bei Böttger a. O. I p. VIII f. Sein Leben von E. Friedländer in der Allgemeinen deutschen Biographie s. v.

[1]) Nach den Delbrücker Vereinsprotokollen vom 4. Mai u. 4. Juni 1842.

[2]) E. v. Tröltsch, Fundstatistik der vorrömischen Metallzeit 1884 N. 115. (Schneider, Heer- und Handelswege IX, 8.) Es ist nach einer verbindlichen Erläuterung des Herrn Verfassers von 1898 8, 2. ein Spiraldraht, wohl ein sog. Lockenhalter, wie davon im weiten Rheingebiete wenige vorkamen und zwar, einer ausgenommen, mit „Gegenständen der jüngern Bronzezeit (c. 6—800 v. Chr.)" Sie sind in Altgriechenland zu Hause (vgl. die Abbildungen bei Schliemann, Ilios 1881, Fig. 878, 800, S. 560 und W. Helbig, Das Homer. Epos 1884 S. 167) und „unzweifelhaft . . . durch die Phönizier bei uns importirt worden." Dahin gehört nach Abbildungen auch der Ring zu Herford (oben S. 8.) und der Coruper-Fund auf dem Hümmling. F. Philippi in Osnabrück. Mittheilungen XVII, 417 mit Abbildung. Vgl. Olshausen im Corr. Blatt f. Anthropologie 1890 S. 155 und über Importe der Phönizier Kopffleisch das. XII, 140 f.

[3]) L. Lindenschmit, Alterthümer unserer heidnischen Vorzeit 2 III, Taf. III Nr. 1.

[4]) Es erwähnte sie der (1891 Jan. 21., vgl. Westfäl. Ztschr. 49 II, 184) verstorbene Rendant C. Ahlemeyer zu Paderborn in einem Berichte von 1890 16, 5, der ebenso reichhaltig war, wie vordem seine Beiträge zu meinen Eisenhuth-Studien.

[5]) Nach einem Schreiben des Vereins-Direktors Dr. C. Mertens zu Kirchborchen.

[6]) Schneider a. O. IX, 8.

Kupfermünzen der Paderborner Vereins=Sammlung, die als Opfer=
pfennig aus der Senne aufgelesen sind.[1]

So häufen sich gleichsam um Delbrück die Denkmäler der Urzeit
und darunter erscheinen zahlreiche römische Erbtheile, zumal da diesen
auch als Prunkstücke die feineren Steinwaffen beizuzählen sind[2]); kurz=
um so viele Kostbarkeiten wie Delbrück hat im Lande außer Pyrmont[3])
wohl kein anderer Bezirk von gleicher Größe aufzuweisen.

*　　*　　*

Unter den Straßen des Delbrücker Landes ist keine so früh als
Alterthum beschrieben, wie jene Strecke, welche von Westenholz die
Römerstraße Bentler=Mastholte fortsetzt. „Der Höhenrücken, heißt es
in einem Protokolle des örtlichen Alterthumsvereins von 1842 30/4,
welcher sich zu Westenholz bei Foermann[4]) erhebt,[5]) Nord= und Südhagen

---

[1]) Nach einem umfassenderen Fundberichte des Herrn Dr. C. Mertens vom
J. 1890. Römische Todtenurnen und ein altdeutscher Streithammer von kalkerdigem
Schiefer in der Westf. Zeitschr. XIV, 372.

[2]) Vgl. Schaaffhausen u. Seeger in Bonner Jahrbb. H. 50, 291; H. 72.
100—106; 92, 312 f.

[3]) zumal römische. Vgl. darüber Anzeiger für Kunde deutscher Vorzeit 1863
S. 452, 1864 S. 269. R. Ludwig, in Bonner Jahrbb., 38, 35 f. 46; 64, 7, K. Th.
Menke, Pyrmont und seine Umgebung 1840 S. 21 f. 25 ff. 86, 97.

[4]) Nordwestlich vom Dorfe.

[5]) Ihm beinahe parallel liegt der Nordhagen auf dem Südsaume eines Bruches
(Moores) bei Siewecke, sicher sehr alt, weil er mit dem Südhagen einer Bauerschaft
den Namen gegeben hat und schon 1415 zum Anbau ausgetheilt ist (Wigands Archiv,
IV, 431). Außer der Bezeichnung Landwehr (S. 9 N. 5.) gehen da und dort auch
auf urgeschichtliche Langwälle die Namen Wall (Wol, Wahl, Val, Vel, Fall, Fail wie
anderwärts Fal in Falthor, Pfahl in Pfahlrain, Pfahlhecke (vgl Fahne IV, 2) und
Pfahlgraben (F. Ohlenschlager im Neuen Heidelberger Jahrbb. 1895 V, 67; vgl. die
Varianten des F. in „Fallersleben,“ Ztschr. f. N.=Sachsen 1869 S. 99 dagegen auch
J. Grimm in Wigands Archiv .1 III, 80 f.) Damm, Dam, Dammers, Dämmer . .
Hagen (wohl auch Han . . Hon . . Hain . .). Heg(g)e, Heck, Hiäge (= Grenze in Bonner
Jahrbb. 84 2; 74, 15; 76, 25), Knick (mit und ohne Aufwurf; v. Cohausen in Ztschr.
für Preußische Gesch. und Landeskunde III, 690 Schiller-Lübben s. v.), Wehr (Wehr=
mann an der Leverner Landwehr bei Hartmann in Osnabrück. Mittheilungen XIV,
54), Strang, im entsprechenden Sinne (Vgl. Schiller-Lübben s. v.) das Wort Dik,
(doch wohl nur im westlichen Münsterlande,) vielleicht auch Gar (ger, tar, ter
= Schutz, Waffe bei Fr. Koch, Programm des Königlichen Gymnasiums zu Aachen
1878/79 S. 3; garen nach Pöttger a. O. II, 7 = begrenzen.) Sofern die Anlage
eine örtliche Grenze oder Trennung verursachte, äußerten dies Benennungen wie Lette

(zu Delbrück) trennt, nördlich von Delbrück hinzieht, in der Segling=
heide durch Sandwehen fortgesetzt wird, um sich so durch unbedeutende
Erhebungen bei Apelmeier (7 km ostnördlich von Delbrück in Hövelhoff)
vorüber nach den Lipper Bergen zu begeben, hat wahrscheinlich in der
Vorzeit zu einer Heerstraße gedient, da zu beiden Seiten Sümpfe das
Fortkommen (der Feinde?) hinderten.

Dies bekunden die an ihm liegenden vielen Grabhügel. Die ersten
derselben wurden bei Heihoff in Westenholz . . . (im Norden vom Orte)
. . . angegraben und dabei viele deutsche Urnen mit Asche gefunden.

Die zweite Gruppe . . . befindet sich im Gehölze des Osterreller
sive Stratmann[1]), die dritte bei Heimann in Dorfbauerschaft (Delbrück)
und in der Seglingheide[2]), die vierte . . . Nun scheint die Spur durch
Culturen verwischt zu sein, bis bei Apelmeier, nördlich vom Haussten=
bache, sich wieder welche vorfinden."

Die letzteren hangen eher mit einer großen Ostlinie, die wir
hernach kennen lernen, zusammen; hierein ist nämlich höchst wahrscheinlich
der Westenholzer Zug schon bald jenseits der Seglingheide etwa zwischen
Werner und Wecker übergegangen; keinesfalls hat er, wie man wohl
vermuthete, von Apelmeier eine Schwenkung auf Hövelhof gemacht.

Außerdem durchschneiden an Kriegsstraßen die Delbrücker Um=
gegend folgende: eine, welche in der Senne noch stellenweise in Wall=
resten[3]) gesehen ist, kam von Paderborn, einem Knotenpunkte der

---

(Lebbe; Letzberg = Grenzberg. D. Maeder, Wort über Aargaüische Ortsnamen 1867
S. 28. P. Eickhoff, Gymnas.= Progr. Wandsbeck 1883 S. 15 f.) Snaat, Sneda,
(Fahne a. O. IV, 2.), Scheide (Schei, . . Schür, . . Scher, . . Schir, . . Bonner
Jahrbb. 96, 189, Nordhoff, Kunst= u. Gesch.=Denkmäler I, 19, II, 17.). Gewisse von
Wegen durchschnittene Stellen des Werkes heißen Schlüpp, (Schlipp, Fahne IV, 13.
Klinke) Loch, Schnitt, Gat, (Kat); den Einschnitt (oder auch den befahrenen Damm)
sperren ein Grengel, (Grendel = Riegel, Fahne IV, 25.) Heck, Strick, Schling
(Clostermeier a. O. S. 102.), eine Hake (Aeg., Klöntrup, Handbuch der Rechte und
Gewohnheiten des Hochstifts Osnabrück 1800 II, 133), ein (stellenweise „eiserner") Schlot=
oder Schlag=Baum. Den Verschluß und Paß verwahrte ein (Heck=) Schlingmann,
Baumhöer (hüter), Bäumker (Bömer), Schlüter (Schließer). Vgl. über einschlägige
termini noch Bonner Jahrbb. 96, 211, Fr. Darpe in der Westf. Ztschr. 53, 127 ff.
Fr. Tenhagen das. 53, 96 ff. 55, 45 ff.

[1]) Stark 1 km nordöstlich von Delbrück.

[2]) Und zwar auf der Nordseite bei Beringmeyer mit Holzkohlen und Menschen=
gebeinen; südwestlich gegenüber der Hof Redecker.

[3]) Denen vielleicht der kleine Hagenbach, welcher südlich von Hedbinghausen auf
der Süd= oder Nordseite ihre Nähe hält, seinen Namen verdankt.

Wege,[1]) und ging von Delbrück schwerlich über Rietberg, wo breite Moore zu passiren waren, auf Rheda[2]) sondern südlicher[3]) durchs Herrenbruch, dann als Hünenstraße bei Sonderec, Wellering, Hünenbauer und „am Lannertbach" vorbei durch die Bauerschaft Bockel,[4]) weiterhin der Ems entlang nach Norden. Zu Bockel bezeichnen die Linie noch Urnen, Steinwaffen und =geräthe, zwei von der Ems und einem Walle eingefaßte Erbhügel[5]) und südöstlich von Wiedenbrück ein alter Hellweg.[6])

Von Delbrück bis[7]) Herrenbruch[8]) ist die Linie mit einer andern vereint; diese löst sich hier als mächtiger Straßenast auf das Merfelber Bruch und den Rhein ab; sie lenkte nämlich im Norden von Stromberg und im Süden von Römer, nicht wie bislang anzunehmen war,[9]) mit einem Dolberger Strange auf Wiedenbrück, sie querte vielmehr geraden Laufes die Bauerschaften Batenhorst, und Bockel auf Delbrück, dort als Dammwerf (Landhagen),[10]) dessen Flanken Römermünzen und den Hof Hagemann kennen, hier zunächst als Münchselbdamm,[11]) · dann als Strich, den wiederum Römermünzen, ferner Köferlagens später in seine Dämme gelegter (Sperr=) Baum begleiten. In dem Winkel, den er dann westlich vom Herrenbruche mit der Emslinie bildet, scheint der Hof Sonderec zu liegen.

---

[1]) Nordhoff in Bonner Jahrbb. 89, 164. Es steht dahin, welchem Wege das östlich von Lippspringe über den Römergrund und Römerberg auf Felbrom ausgedehnte Fundfeld (Mertens im Jahresber. des westfäl. Prov.-Vereins 1885, S. 146) angehört.

[2]) Wie Schneider Bonner Jahrb. 69, 33 angibt.

[3]) Nicht gerade nahe dem Sporthofe. (Spor(e)fe = Wegesecke?)

[4]) Hier, in der Nähe des Bockelmeier befindet sich auch ein Urnenfeld mit Steinwaffen und Steinwirtel. H. Brenken's Schreiben von 1897 3, 3.

[5]) Nicht nach fränkisch-karolingischer Weise als Theile einer Burg. Vgl. C. Koenen, Bonner Jahrbb. 96/97, 359 P. Clemen, Kunstdenkmäler der Rheinprovinz 2, II, 71.

[6]) In dessen Nähe bei Beermann ist nach zuverlässiger Meldung ein blankes Schwert gefunden. Hellweg=Heerweg. Bonner Jahrbb. 96, 219, 201; fast wie an letztgenannter Stelle heißt ein Weg von Gimbte auf Telgte Hessenweg, rechts ein Hof der Flanke (He(e)rweg. Uebrigens bedeutet Helle, Helde nach F. Wiskott, Beiträge zur Gesch. der Stadt Soest 1857. I, 87 auch Reige, Niederung. . . .

[7]) Jägers Landwehr (bis Willersweg) im Delbrücker Landrechte § 9, 3 war vermuthlich entweder eine Theilstrecke von ihr oder vom Nordhagen.

[8]) Etwas westlicher bei Arnhorst setzt auch der Bentler Dammzug oben S. 4, N. 2 ein.

[9]) Vgl. über ihre Ausdehnung und Lage N. u. W. in Bonner Jahrbb. 96, 323 f.

[10]) Noch sichtbar auf der Lecoqschen Karte Sect. XVI.

[11]) Nach Brenken's Karte und Mittheilungen vom 6. und 8. August 1897.

Eine dritte auf Bielefeld geneigte[1]) Straße erscheint mit mehreren Flankenalterthümern und wiederholten Fundstellen von Römermünzen im Nordosten von Brilon, zu Brenken, Wewelsburg, Salzkotten, Boke,[2]) und jenseits Delbrück stehen mit ihr in Verbindung ein Landwehr= strang seiner Flucht, ungefähr ein km nordöstlich vom Orte, weiterhin der Schlingmann, Gerling (Vorgelt?), und Hachmann, zu Steinhorst die theilweise durch ihre Namen charakterisirten Erdwerke, sowie die edelsten Fundstücke; weiterhin sind zu Friedrichsdorf eine Landwehr und der „sog. Lannerdamm" möglicherweise Reste von Römerstraßen.[3])

Eine vierte Linie kam aus Westbolberg gerade durch den Süden von Liesborn (S. 3, 7) und der Mündung[4]) der Liese in die Glenne, und bog dann, um das Mastholter Unland zu umgehen, nordöstlich auf Delbrück. Zu Liesborn entließ sie einen Wegezweig nach Kappel und im Osten der Glenne streifte sie die Hünenburg,[5]) Urnen und andere Alterthümer, dann als Heidenstraße[6]) den Glennemeier, weiterhin den Dämmer[7]) und fiel bei der Westenholzer Mühle mit der Kappeler Straße zusammen,[8]) wovon wir gleich noch hören.

---

[1]) Mittheilung des Vereins-Direktors Dr. C. Mertens 1890 3, 4; Schneider in Bonner Jahrbb. 62, 137, so daß dessen Heer- und Handelswege IX, 18 mit Karte nach unrichtig bezogenen Funden von Brilon auf Paderborn verlegte Linie wegfällt.

[2]) Nach Sello's Verzeichniß befindet sich zu Oldenburg auch ein geschliffenes Steinbeil aus Serpentin, gefunden unter einer Eiche zu „Böcke" R.-B. Minden.

[3]) J. Wilbrand im Jahresberichte des historischen Vereins für die Grafschaft Ravensberg 1897 XI, 57.

[4]) Nicht im Norden dieser Stelle, weil auf linker Flußseite östlich von Grot= haus noch eine ostwärtige Wegestrecke, südwestlich! von Liesborn bei Kamp und Plümpe Dammreste vorliegen, und bei Plümpe auf dem Blutacker noch Waffen und Fußeisen gefunden sind. Schreiben des Gutsbesitzers Herrn Franz Ense-Kemper zu Liesborn d. d. 1897 6, 9.

[5]) L. Hölzermann, Lokaluntersuchungen die Kriege der Römer und Franken . . . betreffend 1878 S. 48, 49.

[6]) Vgl. Westfäl. Ztschr. 53, 298. Den Nachbarteich nennt W. Fricke, Gesch.= kritische Feldzüge durch das nördliche Westfalen 1889 S. 77. Theil I Romske Teich, der sonst nur Brandscher Deik heißt, S. 76 tauft er die Hünenburg „Lieseburg" S. 126 wieder „Glenneburg" — zum Nutzen der Geschichte und Geographie oder der Dichtkunst? Bei Wallenhaus (vgl. Schmidt a. O. XX, 293) soll vor Zeiten eine nackte Figur ausgegraben und wieder versenkt sein. Brenken's Mittheilung vom 7. Januar u. 3. März 1897.

[7]) Nach der genannten Mittheilung von Mertens; der dortige Hofname Drein= hof ist nicht ursprünglich.

[8]) Ueber beide die Belege oben S. 3 N. 4.

Die vereinte Linie erreichte bald den Hägehof und Ruischers Knick und macht sich vermuthlich von hier bis Delbrück in einer langen Reihe von Häusern geltend, insofern dafür der Südhagen den Raum abgegeben haben mag, gerade wie 1415 der Nordhagen für andere Ansiedler;[1] beide waren laut dem Namen Hagen und Knick unstreitig Langwälle und von ihrem hohen Alter zeugt, wie gesagt (S. 12) die Bauerschaft Süd= und Nord=Hagen.

Beansprucht somit Delbrück in den Römerkriegen ein Gewicht, wie wenig andere Punkte in Westfalen, so hatte jene Straßenstrecke, von Bentler über Mastholte und Westenholz ein sehr bedeutendes und angemessenes Ostziel, zumal, da sie gar bald in einen mächtigen Straßenzug von ost=nordöstlicher Richtung überging. Doch vorerst ihr westlicher Anschluß.

* * *

Ein von Haltern durch Norbahlen verfolgter Weg, welcher anscheinend nur streckenweise in Dämmen[2] auftrat, quert östlich von Beckum bei Robbert eine andere beinahe schnurgerade Linie, welche als Hellweg oder Hünenstraße Westbolberg und Wiedenbrück verbindet; — sein Fortgang im Süden derselben über Sünninghausen nach Delbrück ist die Strecke, welcher unser Augenmerk gilt, — eine meist deutliche doch offenbar nicht frühzeitige Anlage. Sie hält bei ihrem kurzen Laufe nicht einmal die gerade Linie, indem sie von Sünninghausen eine kleine Südostbiegung auf die Nordwestspitze der Gemeinde Wabersloh macht, und dann wieder die Ostrichtung aufnimmt. Von Beckum bis Sünning=

---

[1] Weil diese laut Urkunde von 1415 gewisse Freiheiten (z. B. vom Mähen) genossen, hieß er, glaubt man (Wigand's Archiv IV, 431) auch Freihagen. Beruht vielmehr der Name darauf, daß Hagen (oder Ringwall) eine Gruppe (Clostermeier a. O. S. 184) bevorrechtigter Höfe bezeichnete (Vgl. Weddigens Westphälisches Magazin 1786 S. 298 E. F. Mooyer in Wigands Archiv V, 385. E. Frensdorff, Dortmunder Statuten und Urtheile 1882 S. LXXXVII, Nr. 1) anderwärts wieder darauf, daß manche alte Dammstrecken steuerfrei und herrenlos dalagen (Fahne a. O. IV, 10, 15, XIV, 150, 155. Nordhoff, Kunst- u. Gesch.-Denkm. I, 9 II, 10, 12, M. F. Essellen, Das römische Castell Aliso 1857 S. 92), bis Gemeinde oder Fiskus sich ihrer behufs Ausnutzung annahm? Andere Strecken z. B. der Freihagen zu Varlar, dem übrigens auch der Freistuhl nahe stand, sind wohl nie an eine Mehrzahl von Anbauern ausgethan.

[2] Darunter wurde nachträglich einer vom Herrn Bildhauer Küller östlich von Ahlrodt, südlich von Ascheberg, in der „Galghegge" entdeckt. Vgl. über den Weg Westf. Ztschr. 53., 265, 276 u. Karte.

hausen bestehen oder bestanden die Spuren des Hellweges in einem
Flurstreifen westlich von Robbert, weiter östlich in einer Dammstraße
von ca 400 m Länge, sonst in schlichten Wegstrecken, die vielleicht auch
nicht überall zum kunstmäßigen Ausbau gediehen sind; im Wabers=
loh'schen dagegen liegt ihr Dammbau theils in Resten, theils in Karten
um so offener vor; außerdem zeichnen den Zug charakteristische Hof=
und Flurnamen aus, so an dem Schräglaufe in Osten von Sünning=
hausen[1]) Rohmberg, Fallbrede, Hergarten, Domhege, Wibberich,[2]) nach
Osten im Wabersloh'schen, wo der Straßendamm letzthin als Weg
benutzt wird, Hagenei, Hagenrecke und Hakstrick. Im Westen dieses
Hofes tauchen auf der „Römerwall" in Bruchstücken, im Osten auf
dessen Südflanke die Warte „Römerkirchhof" und schließlich in der Ost=
flucht neben Brexel ein Bronze= und ein Steingeräth sowie zwei Eisen=
waffen. Die Linie umgeben im Norden von Brexel ein „Landgraben,"[3])
nach Westen hin auf der Südseite ein Graben bei Sterthof,[4]) sodann
der eigenthümliche Römer(ber)g[5]); die ganze Strecke bis Beckum be=
rühren oder durchschneiden in schneller Folge schützende Landwehren,
die von der Lippe aufziehen, die eine am Römerkirchhof, eine oder

---

[1]) „500 m östlich vom Hofe Sünninghausen" sind vor ca. 10 Jahren Bronze=
sachen und angeblich eine Steinwaffe von „italienischem Blauschiefer" ... ausgegraben.

[2]) Zufolge hiesiger Alterthümer und der „Unterbauerschaft Wieborgh" (Darpe
a. O. 53, 130) hervorragender Punkt der Ur=, und zufolge der neuesten Funde auch
der spätern Zeit.

[3]) Auf den meisten Karten.

[4]) Auf einer Karte des Feldmessers Herrn Selhorst zu Wabersloh über die
gleichnamige Gemeinde vom J. 1857. Aehnlich den Sümpfen und Wässern sind auch
monumentale Gruben (grove) und Gräben (graft, gracht) als Mittel der Wehr und
Sicherung benutzt. Die seither kaum gewürdigten „Landgräben" (v. Peucker, Deutsche
Kriegswesen der Urzeiten II, 415. Hülsenbeck, Paderborner Gymn.=Programm 1878
S. 26, 31, 45 über den Hessen= (Heeres=) Graben und den Enster Knick am Stimm=
stamm) verhalten sich zu den gleichnamigen historischen Anlagen, wie die „Landwehren"
ihrerseits (oben S. 9, N. 5). Der Graben bei Sterthoff steht senkrecht, doch mit gewisser
Südost=Neigung auf der Dammstraße, der Landgraben bei Brexel zieht ihr parallel,
also landeinwärts und wie ein zweiter im Nordosten davon bei Bomke in Ost= West=
Richtung; alle drei haben mit historischen Grenzen nichts weiter zu thun, als daß der
letztere, dessen Flucht gen Westen ein Königsbach aufnimmt, zum Grenzsaume einer
Gemeinde (Stromberg) gehört. Am Ostrande der Römerheide zu Liesborn (vgl.
Schmidt a. O. 20, 287 f.) wohnte ein Landgräber entweder als Gräber oder wahr=
scheinlicher als Bewohner eines Landgrabens.

[5]) Im Nordosten von Wabersloh (vgl. S 4, N. 2), nicht wie bei Fricke a. O.
Taf. I im Osten von Liesborn.

2

zwei bei Hagenei, eine weitere bei Wibberich, eine im Osten und Westen
des Mackenberges bei Sünninghausen, eine im Osten von Beckum[1]
und einst wahrscheinlich noch zwei andere Wehren, die indeß heute die
Straßenflucht nicht mehr erreichen. Die eine streicht aus dem Osten
von Cappel nach Norden an die Glenne, und faßt dann bei Fechtel
das Wasser ein, die andere aus dem Westen von Lipperode[2] bis
Burgfechtel. Alles erwogen, drängt sich immer unabweisbarer der Ge-
danke auf, daß die im Wabersloh'schen so stark gebaute und befestigte
Strecke eine spätere, gelegentliche Anlage, und ihre gerade Fortsetzung
bis Delbrück ebenso wie ihre Flankenwerke und die meisten (Lippe=)
Landwehren[3] von Germanicus, als er von den östlichen Grenzhöhen
der gedemüthigten Kleinbrukterer über das Sumpfland nach der Varus-
stätte ausschaute, hergestellt sind. Welche Perspektive eröffnet dann die
Beckum=Delbrücker Römerstraße auf die Oertlichkeit der Varusschlacht!
Die Knoten- oder Gabelpunkte römischer Straßen zu Haltern und Dolberg deckten feste Lager, sollte an ihrer Endstation Delbrück, die auch
ein solcher Knotenpunkt war, eine Lagerfeste oder doch eine starke
Verschanzung gefehlt haben!

*　　*　　*

Unter den einschlägigen Wegen verdient ein besonderes Augenmerk jener kleine Strang, welcher in nordöstlichem Zuge das Stift
Kappel oder vielmehr den Mündungswinkel der Glenne und Lippe
verläßt und, wie bemerkt (S. 15) in der Senne etwa vom Freistuhle aus
mit der Dolberg=Liesborner Straße auf Delbrück zusammengeht.[4] Wurde
der Zug von Kappel bisher für das nordöstlich abschwenkende Endstück
einer Römerstraße angesehen, welche dem Nordufer der Lippe folgt,
so ist es nunmehr gelungen, ihm als Mittelstrecke einer weit mächtigeren
Linie zu seinem Rechte zu verhelfen.

---

[1] Hier und zu Vellern gänzlich erloschen, jedoch streckenweise auf Kataster-Karten
noch kenntlich.

[2] bei Hölzermann a. O. Uebersichts-Karte A.

[3] Et cuncta inter castellum Alisonem ac Rhenum novis limitibus aggeri-
busque permunita. Tacitus, Ann. II c. 7. Vgl. R. u. W. in Bonner Jahrbb.
H. 96, 211. Ueber die frühen Landwehrstudien in Ober-, und die ersten in Nieder-
Deutschland vgl. Fahne a. O. XIV, 163 ff., Schneider, Neue Beiträge IV, 4 f.

[4] Vgl. über beide Schmidt in der Westfäl. Ztschr. 20, 292 f. Schneider, Heer-
und Handelswege VIII, 4, 5 derf. Neue Beiträge XI, 10, 17 u. Karte.

An die Chaussee von Hovestadt nach Soest setzt bei Lüringsen und zwar auf ihre Westflanke ein kurzer, hoher und gerader Wall west=östlich etwas nördlich geneigt, inmitten fruchtbarer Ackergefilde verlassen und anscheinend zwecklos, nur daß er stämmige Bäume trägt, deren Wurzeln seinen Verhalt und Bestand bedingt haben. So oft ich ihm vorbei gekommen bin, fiel er mir auf und veranlaßte er mein Nach=sinnen, ob darin wohl der Rest eines verstümmelten Erdwerkes etwa einer älteren Landwehr stecke; denn die jüngere der Stadt Soest war weiter im Süden zu suchen. — Daher wurde er bei den örtlichen Er=kundigungen nach Altwerken nicht vergessen. Ins Notizbuch gingen auch 1894 Landwehrstrecken zu Fünf=Armen und Hattrop=Holsen (bei Borgeln) über, also in der Richtung, welche der Lüringser Wall nach Westen einzuschlagen schien, jedoch so fraglich in betreff der genauen Lage und Bauart, daß sie sich nicht in die Karte eintragen ließen. Längere Zeit, nachdem ich zu Hovestadt, wo sich allerhand Langwälle recken und verschlingen, über Oertlichkeiten und Kennzeichen alter Landwehren ge=sprochen, machte mir am 2. August vorigen Jahres Herr Josef Ziegler von dort Mittheilungen über allerlei versteckte Dammstrecken, u. A. auch über eine Landwehr zu (Hüttinghausen)[1] Weslarn, Bettinghausen und Lohe bis Alpe[2] (südlich von Benninghausen.) „Von der Rein=ecke (Hof) zu Bettinghausen bis Lohe liegt Wall und Doppelgraben noch wunderschön da, ebenso ein Stück mit Eichen bestanden zwischen Weslarn und Lem=ecke (Lemcke) in Bettinghausen". Hier nannte die Karte schon ein Steinbeil,[3] bei der Alpe eine Römermünze und ein Erdwerk „in der Borg," in weiterer Ostflucht zu Uenninghausen eine schöne Stein=waffe, mehrere Urnen und gleich südwestlich von Hellinghausen, bei=nahe Kappel gegenüber, eine römische Warte.[4] Solche Funde wiesen allerdings auf eine zusammenhangende Anlage, allein ihre Züge be=spannten eine zu kurze Strecke und waren in der Bauart noch zu

---

[1] Die hiesige Strecke erwies sich später bei meiner Ortsuntersuchung als End- oder Theilstück einer wirklichen Landwehr, die nach Osten ihren Lauf über Weslarn, Bettinghausen, den „eisernen Baum" und den Norden von Wiggeringhausen auf Nord-dorf nimmt.

[2] Hier schnitt sie eine Landwehr von Benninghausen auf Bökum, und im Süden von Eikelborn eine andere von Ostinghausen auf Böckenförde.

[3] Nach einem Handkärtchen des Besitzers Herrn Pastor El. Fleige zu Helling-hausen, (Vgl. Westfäl. Ztschr. 53, 267), der überhaupt aus der dortigen Lippe- und Haar-Gegend die werthvollsten Forschungsergebnisse in Schrift und Zeichnung zur Ver-fügung gestellt hat.

[4] Nach Schneider, Neue Beiträge IX 6,

wenig charakterisirt oder vielmehr zu arg beschädigt, als daß sich ent=
scheiden ließ, ob sie heimischen oder feindlichen Ursprungs seien, Wehren
oder Straßen bedeuteten. Ueberhaupt waren, so schlank und verheißend
kamen die festgelegten Strecken hervor, die beiderseitigen Fluchten zu
verfolgen.

Im Westen zeigte ·man zunächst bei Hattrop=Holsen unter dem
Namen „Landwehr" und „Landwehr=Graben" Fluren und darin einen
Graben und Grabenreste, die zusammen in südwestlicher Richtung
aneinanderschlossen. Auf der Südseite zu Hinderking, nördlich von
Soest, figuriren eine hohe (Erd=) Warte mit spätern Steinbau=Resten[1])
und unfern davon Bronzewaffen sowie ein römisches Thongefäß, auf
der Nordseite an der Borgelner Linde (Windhüsel) ein 5 m hoher
tumulus, eine seltsame Insel, viele und darunter große Urnen, ein
Schwert und eine Lanzenspitze.[2]) Zwischen Borgeln[3]) und Schwefe
spricht man von einer Landwehr, ohne ihre Oertlichkeit mehr feststellen
zu können, und weiterhin zwischen Einecke[4]) und Ehningsen deckt sich
die Flucht jedenfalls streckenweise mit einem Landwege, der nach Nieder=
bergstraße geht, und zielt dann auf den Süden des Hauses Königen.
Zu Niederbergstraße vermeldet der große Hof Schulte Hagen von der
einstigen Dammstraße, und unweit davon im Norden fanden sich beim
Abtragen der Flerker Landwehr,[5]) die jedenfalls auch römischen Ur=

---

[1]) Vgl. v. Biebahn in der Ztschr. des Vereins für Gesch. von Soest und der
Börde, 1881/82 S. 20 f.

[2]) Vgl. auch Westdeutsche Ztschr. Correspondenz=Blatt 1882 S. 30.

[3]) Borgeln ein höchst alterthümlicher Höhenpunkt: im Nordosten die Linde und
die erwähnten Denkmäler, im Nordwesten bei Holtmann tief in der Erde ein Aschen=
heerd, bei Haus Fahnen eine Landwehr, ein befestigter Hügel (v. Biebahn a. O. S.
22), Urnen und mit Holzasche verschüttet ein altdeutsches Opfermesser sowie ein Streit=
hammer, beide aus rohem Achatstein, (Wiskott, a. O. S. 75) an der Nordwest=
seite des Ortes Steinwaffen, ein Strich „an der Borg" und der Weg nach Fahnen
die „Grügel (Gräuel·) Straße" „mit dem Donnerags=Pferde." Vgl. Essellen a. O.
S. 92.

[4]) In meinen ältern Notizen heißt es: „Schwefer Landwehr liegt Einecker
Böde."

[5]) Kommt von Hultrup an der Lippe über Haus Fahnen und von hier bis
Flerke auf der Generalstabskarte sichtbar. — Zeigen von Fahnen in der Richtung auf
Camen (untergegangen?) Dammlinien an die Orts= und Flurnamen Hachenbusch,
Meyerich, (Scheidingen) „im Hanenort" „am Hagenei" südlich, „auf der Breite" und
Hagenberg westlich von Wambeln (Freiske, Flierich), „hohe Hecke" Lettenbruch, im
Tauschlage? Im Süden von Fahnen gibt es eine Hausstätte „Römer".

sprungs ist, „ein sehr altes, zerbrochenes und verrostetes Schwert, wahrscheinlich ein römisches."[1]

Noch weiter: „Hinter Hagens Hofe in Nieberbergstraße liegen nach Haus Königen hin Fluren, die den Namen Landwehr führen; auch ist daselbst noch ein Erdwall vorhanden, der jedoch vor einigen Jahren zum größten Theile abgetragen ist." Nach Aussage eines alten Mannes, der auf der Landwehr hinter Nieberbergstraße wohnt, ginge die „Landwehr" über Königen, dann Werler Böbe und Sönnern vorbei, welches die Richtung auf Bubberg[2] ist", also zwischen dem Heerberge und dem prophetischen Birkenbaum[3] hindurch, so daß Werl weit davon im Süden liegt. Sie ist hier auf beiden Seiten mit einem Teppich von Alterthümern belegt. „Unweit des östlichen Salzbaches soll ein römisches Schwert gefunden sein."[4] Nörblich von Bubberg kommen auf unsern und einen Straßenzug Hamm-Werl die Hilbecker Denkmäler aus Eisen und Thon, Silbermünzen des Augustus, überhaupt „Römergeld von dem Augusto, keines aber, so nach seiner Zeit gemünzet."[5] Im Nordwesten von Werl erscheinen auf der Karte Urnenhügel;[6] im Norden von Bübberich schneidet die Linie im spitzen Winkel ben großen Hellweg,[7] hält dann eine „Landwehr"[8] zwischen (West-) Holtum und Hemmerbe und südlich von diesem Orte die Flur „auf der Brebbe"[9]; sie ersteigt endlich, nur in den fruchtbaren Ackerfeldern ohne Spuren, die Höhe bis an den festen Anschlußpunkt bei Kessebüren; denn hier kommt der Linie im geraden Laufe vom Rheine her eine Römerstraße

---

[1] Wiskott, a. O. S. 75, 76.

[2] Antwortschreiben des Herrn Gutsbesitzers Ph. Müller zu Westönnen d. d. 1897 17, 11. u. 23, 12.

[3] Bei Holtum und prope Bodbergum „nemus betularum" bei Hülsenbeck Programm 1878, S. 29, 30. Circa occidentem (ducatum terminat) . . in satrapia Werlensi Berckenbaum ab una, ab altera vero parte tractus Susatensis (die Soistsche Börde) C. C. Voigt ab Elspe, Ducatuum Angariao et Westphaliae delineatio in J. S. Seibertz' Quellen der westfäl. Gesch. III, 114.

[4] Hülsenbeck, a. O. S. 44, 45, ob identisch dem vorhin N. 1 genannten?

[5] Hülsenbeck a. O. S. 30. Nordhoff, Kunst- und Gesch.-Denkmäler I, 22, 14, wo auch Fig. 16 eine merkwürdige Vase.

[6] Nach C. Brokleper, Sachsenland und Ruine Hohensieburg 1853 S. 205.

[7] Näheres über ihn bei Hülsenbeck. a. O. S. 5. Schneider, Heer- u. Handelswege V, 17, und Karte, Nordhoff, Kunst- und Geschichts-Denkmäler I, 6.

[8] Nach Erkundigungen des Herrn Candidaten Luhmann zu Borgeln mitgetheilt 1897 3, 12.

[9] Zwei Ackerparzellen, die von Osten nach Westen streichen. Die Flur „am grünen Wege" nördlich davon gehört dem hier verschrumpften Hellwege an.

entgegen, die Schneider[1]) schon 1886 rückwärts über Hengsen,[2]) das im Südwesten an eine „Landwehr" stieß, Schwerte, Westhofen, (Alten=)Hagen, Schwelm, wo eine Straße auf Köln ablenkt, Elberfeld (Düssel=dorf) bis Grimlinghausen[3]) nachgewiesen hat.[4])

Also die vom Rhein bis hoch auf die Haar emporgeführte Straße geht in unserer Linie weiter über Hellinghausen auf Kappel und hier stößt sie in ihrer Ostrichtung grade vor die von uns schon betonte Straßen=strecke (S. 18) Kappel=Delbrück; die letztere erscheint daher so mächtig, daß sie als die Haupt=,[5]) der Dolberg=Liesborner Weg (S. 15) als die Nebenlinie auftritt. Und da die Gesammtbahn von Westhofen aus, wo das Gebirgsland aufhört, bis Delbrück stets einen geraden Zug wahrt, so wird dieser auch jenseits Delbrück[6]) wenigstens auf ebenem Terrain beibehalten sein; dann steuerte sie auch nicht, wie Schneider glaubt, über Lopshorn und Varenholz ins Lippische, zumal ihr so außer den Hövelhofer Sümpfen eine auffallende Schwenkung bevor-stand, sondern in bisheriger Flucht zur Weser und zwar zunächst gleich östlich von Delbrück vielleicht über die genannte Moorbrücke (S. 24) am Rebecker vorbei durch die Urnenhügel der Seglingheide (S. 13), weiter-hin über Dämmers und die Bodenerhebungen bei Apelmeyer,[7]) südlich

---

[1]) Schneider ließ sie von Westen her 1886 Heer- und Handelswege V, 19, 15, und Karte im Süden von Unna in eine große Süd-Nordstraße, die indeß etwas öst-licher (Nordhoff, Kunst- und Gesch.-Denkmäler, I, 8) liegt, 1889 das. VII 6 schon weiter bei Werl in den großen Hellweg münden.

[2]) Im Südwesten von Unna gerade im Bereiche der Linie gibt es Fluren „an der Landwehr," „am Ringebrauk", südlich von Bilmerich „den Kopf" einen an-geschütteten Hügel, welchen der Sage nach ein Hüne von seinen Schuhen gewischt, nicht weit davon den „Hillering." Der Hof Ringebrauk hat noch Ringwälle. Nord-hoff, Kunst- u. Gesch.-Denkmäler I, 7.

[3]) Hier ein großes römisches Cohortenlager C. Koenen in Bonner Jahrbb. 84, 261; 85, 165 s.

[4]) Den Zug erkannte bereits 1804 von Neuß bis Westhofen (dann in der Richtung nach Unna J. Fr. Möller. Das Interessanteste aus seinem Nachlasse 1810 S. 133 vgl. Hülsenbeck a. O. S. 5); etwa zu Westhofen geht in der That ein Abzweig auf Unna (Nordhoff, Kunst- u. Gesch.-Denkmäler I, 7) oder vielmehr, falls der Massener Damm eine Theilstrecke ist, auf Königsborn. Läßt sich von hier eine Verbindung mit Dolberg annehmen?

[5]) Ihr unfern gab es im Norden von Lippstadt 1240 einen Bresenewech (Westfäl. Urk. Buch, bearb. von R. Wilmans III, Nr. 370) und 1579 den Fresen und Lippischen Gebroich (Bruch) bei N. Kindlinger, Münsterische Beiträge zur Gesch. Deutschlands 1792 III, Nr. 232. Eine plates Frisonum auch zu Minden. Schröder, Chronik des Bisthums . . Minden 1886 S. 174.

[6]) Wo Schneider, Heer- und Handelswege VIII, 4 die Spuren erlöschen.

[7]) Protokoll des örtlichen Alterthumsvereins 1842 30, 4.

von Hövelhof und Rutenborges dann in einer geraden wie auf einer Dammlinie errichteten Häuserreihe über Haustenbeck[1]) nach Horn,[2]) weiterhin durch den Süden der Flur „im Hagen", über Vahlhausen,[3]) Brunsiel (Vorkhausen), Schieder,[4]) Lügde, Pyrmont auf Amelgatzen[5]) an den Fluß. Namentlich aber stehen die zahlreichen nahen und nächsten Funde von Kleinwerken, Römermünzen und die zahlreichen Erbfesten, welche die Flanken auszeichnen, wohl der Endstrecke einer so stolzen Heerstraße an,[6]) wie sie in westlicher Flucht vom Rheine bis Delbrück vorliegt. Hat sie auf den Flanken ein bis zwei Römerfesten, so reiht sich von Falkenberg oder vielmehr von Schieder die eine heimische Burg und Hünenburg an die andern bis zur Weser hin, nicht als wären diese Werke alle gegen die Römerstraße aufgeführt, vielmehr als wäre diese in Urzeiten bis auf Karl d. Gr.[7]) eine ganz betretene Heerstraße geblieben.

Ob den Franken auch die (kleinen) Hufeisen, welche man zu Horn[8])

---

[1]) Westlich davon an drei verschiedenen Stellen die Sage von einem in dicken Büschen verwahrten Adlerzeichen der Römer. Gen Osten geht wieder ein Wallzug (in der Flucht?) auf. Tappe a. O. S. 30. Karte, Nachtrag S. 22, 26.

[2]) Vom Kreuztrug bis hier liegt der jetzige Weg in der großen Egge. Clostermeier a. O. S. 182.

[3]) Ueber die hiesigen „Knicks und Landwehren," welche mit Landesgrenzen nichts gemein haben können, vgl. Clostermeier, a. O. S. 103.

[4]) Bei Schieder liegt ein Wall . . im Thale links vom (Emmer-)Fluße. S. A. Schierenberg, Kriege der Römer . . 1888 S. CLII a.

[5]) Vgl. v. Veith in Bonner Jahrbb. Festschrift 1891 S. 114.

[6]) Die verschiedenen Flankendenkmäler (bei Deppe a. O. 89, 103, v. Veith. a. O. S. 113 u. H. Kurz in der Lippstädter Zeitung, Separat-Abdruck 1894 19, 9.— 3, 10. S. 3, 6. bei Hölzermann a. O. Uebersichts-Karte A Taf. 31, 32, 35, 36, 48, 50. C. Rieche, Urbewohner und Alterthümer Deutschlands 1868 S. 160 f. Taf. I. Fig. XX) geben für den Straßenzug um so mehr den Ausschlag, als sie nur gezwungen mit andern lippischen Wegeslinien (Vgl. Schneider a. O. IX. Karte u. S. 19, 17), und jene zu Horn mit keiner von ihnen zu vereinbaren sind. Vgl. über Schieder noch v. Veith a. O. S. 113 (Schuchhardt in der Ztschr. für Niedersachsen 1897 S. 394) über Pyrmont oben S. 12, N. 3, über die Römermünzen zu Haustenbeck, Oesterholz, Schieder, Pyrmont H. Veltman, Römermünzen im freien Germanien 1886, S. 113, 84, 83, 85, über jene (von Cäsar und Augustus) bei Lügde und die Consularmünzen von hier bis zur Weser J. Köhler, Denkwürdigkeiten des Fürstenthums Lippe 1815. S. 31 und Westphäl. Provinzial-Blätter 1828, 1, III 96.

[7]) Man vgl. die an ein und derselben Heerstraße (im Kr. Düsseldorf) aufgereihten germanischen, römischen und fränkischen Alterthümer bei Schneider, Heer- und Handelswege VII, Karte.

[8]) Schierenberg in Verhandlungen der Berliner anthropol. Gesellschaft 1886, S. 317. Bonner Jahrbb. 84, 40.

in überraschender Menge ans Licht gefördert hat, zuzuschreiben, ist mehr als fraglich; solche kommen angeblich auch in nordgermanischen,[1] sicher vereinzelt als „zufällige" Einbringliche auch in merovingischen[2] Gräbern, und anscheinend bestimmter neben fränkischen Alterthümern in den Hügeln und Fundstätten[3] der Dahler Heide bei Waltrup vor; erwägt man indeß, daß sie vielfach in Römerlagern des Rheines auftauchen,[4] daß sie kleinen oder größern Formates grade an oder auf den Damm-straßen und -Linien[5] Westfalens[6] und stellenweise ganz massenhaft lagern, so möchten jene von Horn um so mehr für eine römische Nach-laſſenſchaft anzusprechen sein, als hier noch besondere Umstände dafür ins Gewicht fallen; abgesehen von dem nahen, imposanten Naturtempel der Externsteine[7] sind es die Begleitfunde: allerlei Eisensachen und zwei Münzen, davon eine der gens Pompejana;[8] außerdem zeigt die Stadt (selbst) heute noch die römische Lagerform eines in den Ecken abgerundeten Vierecks von 400 und 500 m Seitenlänge.[9]

Ferneren Studien sei die Entscheidung darüber vorbehalten, welcher Natur und Entstehung die (S. 8) genannte Moorbrücke ist. Sie wurde $1\frac{1}{2}$ km östlich von Delbrück im Norden des Haustenbaches und Bei-fluſſes auf den Wasmann'schen Hofesgründen von Herrn Anton Brenken

---

[1] J. Beckmann, Beiträge zur Gesch. der Erfindungen 1790 III, 154 vgl. Bonner Jahrbb. 84, 35.

[2] L. Lindenschmit, Handbuch der deutschen Alterthumskunde 1880 S. 295.

[3] Neustehin nachgegraben, eingehend mit geometrischen und photographischen Aufnahmen beschrieben und dem Stadtmuseum zu Dortmund einverleibt vom dortigen Zeichenlehrer Herrn Baum.

[4] Schaaffhausen in Bonner Jahrbb., 48, 28 ff. Jacobi-Hettner das. 88, 271.

[5] So bei Bockeloh zu Albachten, bei Sch. Kloster zu Hövel, nordwestlich von Bellern und namentlich in Minden auf einem Bohlwege (42 Stück. Ed. Rawe, Auszugs-Liste aus meiner Sammlung des Prähistorischen und Historischen Zeitalters 1890. Mſ. von 7 beschriebenen Folio-Blättern), im Norden der Wiedenbrücker Ostlinie an der Jodenkuhle und weiter östlich wohl so gehäuft, daß Erdarbeiter sie mit Schiebkarren zum Trödler geschafft und für den Erlös einen heißen Trunk gethan haben. Brenken's Schreiben 1898 7, 1. Vgl. Nordhoff, Westfalen-Land . . . S. 38, Hartmann in den Osnabrück. Mittheilungen XIV, 41.

[6] Auch im Lager zu Dolberg. Hölzermann a. O. S. 67.

[7] Vgl. A. Kisa in Bonner Jahrbb. 94, 142.

[8] Bei Veltman a. O. S. 83.

[9] Wie General v. Veith in Bonner Jahrbb. 1891 Festschr. S. 113 versichert. Von den Funden des Winfeldes (Kurz, a. O. S 4, Lage bei Clostermeier S. 180) hat vielleicht auch die Straße Paderborn-Detmold (Schneider, Heer- und Handelswege IX, 19 Karte) Anspruch auf die altrömische Silbermünze von Falkenberg bei Clostermeier a. O. S. 94.

unb beffen Söhnen 1870, 1879, bann wieber in ben 80er Jahren
mit bem einen ober anbern Refte, boch beftimmter Hinberniffe halber
nicht vollftänbig bloßgelegt, unb zwar in ber Richtung von Weften
nach Often, hier jeboch etwas nach Norben gebogen. Sie beftanb aus
Gruppen von je fünf im Vierecf aufgeftellten Bäumen, welche 1½'
bicf unb unten abgeftumpft waren. Sie zeigten, was fehr bemerfens=
werth, oben Spuren von nicht ganz glatt am Stamme abgehauenen
Aeften, bie, wenn fie eingegraben waren, auf ein Herausftehen aus
bem Moore fchließen ließen.[1] Man nahm an, baß biefe zum Anhängen
von Fafchinen gebient haben müffen.[2] Da bie Germanen einmal im
Brücfenbau, auch mit guter Beihilfe, nur ein furiofes Machwerf (informe
opus) herzuftellen vermochten,[3] ber Folgezeit, zumal hier, leibliche
Wege beinahe unbefannt waren,[4] fo geht bie lange Brücfe jebenfalls
auf bie Urzeit unb zwar auf bie Römer zurücf; fie hat boch mit gleich=
artigen Werfen anberswo, bie ihnen bislang zugefchrieben werben, theils
bie Oberfpizen ber Stüzen,[5] theils fogar bie Biegung gemein, unb
biefe, welche fonft mit ber Natur bes Faulgrunbes zwifchen zwei An=
höhen, bie fie verbinbet, erflärt worben ift, ftellt fich wohl auch hier
als Wirfung von Naturfräften, befonbers bes treibenben Waffers heraus.[6]
     Daß wir in bem Dammftrange Delbrücf= beziehungsweife Cappel=
Reffebüren fein heimifches Werf vor uns haben, zeigt bie abfonberliche
Lage quer burchs Lanb unb ber beinah lineare Zug; benn bie Ab=

---

[1] Nach Prenfens Befchreibungen vom 3. März unb 16. Juli 1897.
[2] A. Deppe, Bonner Jahrbb. 89, 88 flicht bie Brücfe ber Straße Paberborn=
Delbrücf ein, unb bemerft, baß bie Spuren ber lezteren auf Wacmanns=Hofe als
cervi ober cervioli aus bem Boben zu Tage gefommen feien. Correfponbenzbl. für
Anthropologie, Etnographie . . . 1889, Nr. 1 . . . „Deu agger (Straßenbamm)
fuchten bie Römer im fanbigen Moorfchlamm burch Baumftumpfe mit abgeftüzten
Aeften zu befeftigen; Vegetius, Epitome institutionum rei militaris III 8. interpositis
stipitibus ramisque arborum, ne terra facile dilabatur, agger erigitur. Hygin
nennt biefelben cervoli unb erflärt trunci ramosi; Caesar B. G. VII, 72 corvi." Auch
in einer Wiefe zwifchen Elfen unb Lippe foll man in ziemlicher Tiefe noch ganze
Lagen Bäume in guter Orbnung eingerammt finben. G. J. Beffen Gefchichte bes Hoch=
ftifts Paberborn 1820 I, 26. Vgl. über Elfen R. u. W. in ber Weftfäl. Ztfchr. 53,
323 N. 5.
[3] Tacitus, Historiae IV, 32.
[4] v. Below in ber Hiftor. Ztfchr. 75, 440 N. I. Norbhoff in Bonner Jahrbb.
96, 207 ff.
[5] H. Prejawa unb H. Plathner in ben Osnabrücf. Mittheilungen (1897)
XXI, 126. Fig. V, 183.
[6] Plathner a. O. XXI, 179 ff. 185 Taf. X.

weichungen nach Norden zu Werl[1]) und Hellinghausen[2]) sind in kurzer
Perspektive kaum merklich. Daß an eine Landwehr nicht zu denken ist,
bekundet die Lage, insofern kein kenntlich bedeutsamer Punkt oder Land=
strich zertheilt, gesperrt oder gedeckt wird. Die römischen Landwehren
hielten doch an der Lippe entweder einen parallelen oder, wovon früher
Beispiele vorkamen (S 17) einen senkrechten oder regelmäßigern Lauf
gegenüber dem Flusse, die heimischen hatten meist einen gewundenen
Zug und eine örtliche Ausdehnung z. B. von einem Sumpfe zu einer
Anhöhe. Sie schneidet vielmehr eine Reihe römischer Landwehren,[3])
und überdies mehrere heimische und römische Straßen. Zudem er=
heben die benachbarten Erdwerke und Römerfunde, die bislang isolirt
oder auf andere Denkmäler bezogen waren, einhellig ihre Stimme zu
Gunsten einer Kriegsstraße, zumal die mannigfaltigen Denkmäler der
Station und Umgegend von Kappel. Von dem ursprünglichen Baue
konnte sie nicht mehr, wie die Landwehren und andere Heerstraßen in
einer Gegend retten, welche von Alters die unaufhörlichen Arbeiten des
Karstes und Pfluges so reichlich lohnte.[4]) Dennoch markirt sie noch
heute ihre Flucht in merklichen Spuren, und klaren Resten; diese, ob
zwar in der Flucht zerrissen, in den Flanken geschmälert, sind hier ganz
auffällig, dort nach Ziegler's Ausdrucke „wunderschön" und zu Me=
dingsen war die Dreizahl der Wälle und die Tiefe der Seitengräben[5])
noch nachweisbar. Was vollends den Ausschlag gibt zu Gunsten einer
römischen Straßenstrecke, das sind im Westen und Osten die zutreffenden
Anschlüsse an zweifellos römische Kriegsstraßen; die Linie paßt doch

---

[1]) vor den „Salzbach-Niederungen" „einem Schrecken der Fuhrleute", Hülsenbeck,
a. O. 1878 S. 30.

[2]) Hier knickt die Linie gerade nordwärts und geht als „krummer Ellenbogen"
zunächst im Geleise eines alten Postweges bis in den Osten der Kirche, dann, nachdem
dieser auf Lippstadt abgeschwenkt, durch die Wiesen „Zur Borg" (vgl. Darpe a. O.
53, 132, über die Lippe auf den Hof Romke.

[3]) Darunter zieht eine von Frömern zwischen Kessebüren und Ostbüren auf
Bimberg die Haar hinab. Mittheilung des Herrn L. Enfe zu Haus Westhemmerde
von 1898 16, 3.

[4]) Ueber die Frühzeit der hiesigen Hofanlagen vgl. Nordhoff, Haus, Hof, Mark
und Gemeinde in Nordwestfalen 1889 S. 14 f.

[5]) Damit (vgl. Bonner Jahrb. 96, 204 ff.) unterscheidet sie sich auch in der
Bauart von den römischen Landwehren; denn wie entstellt sie auch vorliegen (vgl.
Bonner Jahrb. 96, 210 N. 3) so läuft doch und anscheinend intakt ihre Linie in
diesen häufig fort als tiefer Graben mit zwei Seitenwällen, in jenen als hoher Wall
mit zwei Seitengräben.

als Mittelstück genau in die Straßenstrecke von Kessebüren bis zum
Rheine auf der einen, und ebenso in die Linie Kappel-Delbrück auf der
andern Seite. Damit ist eine großartige und bedeutsame Römeranlage
zwischen Rhein und Weser, über Ruhr und Lippe und, soweit sie kein
Bergland zu überwinden hatte, auch eine höchst eigenartige Linie klar-
gestellt; denn so gerade bemessen,[1]) daß sie die alten Volkswege, selbst
die nahen Verkehrsplätze Unna, Werl und Soest bei Seite läßt,[2]) kreuzt
oder vielmehr durchquert sie außer den Landwehren viele römische
Straßen, welche Westfalen von Westen nach Osten und fast alle, welche
es von Süden nach Norden durchzogen. Sie ist die einzige, welche
von südlichem Ausgange (bei Neuß) am Rheine das Herz des Landes
und damit die Gebiete der streitbaren Sigambern bis zur Lippe,
Bructerer (bis zur Senne) und Cherusker (bis zur Weser) trifft, eine
mächtige, von Flanken-Denkmälern aller Art ausgezeichnete und wie
für ganz bestimmte Fernziele berechnete Linie.

*　　*　　*

Ganz auffallend bildet Kappel, welches bekanntlich zu den ver-
muthlichen Aliso-Plätzen zählt, auf westfälischem Boden und im Herzen
des Landes ihren Mittel-, zwischen Delbrück und Kessebüren ihren
einzigen Berührungs-Punkt; Kappel stand durch den „krummen Ellenbogen" (S. 26) leicht mit der römischen Süduferstraße der Lippe in
Verbindung; es war das Endziel der Norduferstraße, und ebenso (vgl.
S. 42 N. 5) der zu Liesborn von der Dolberg-Delbrücker-Linie (S. 26)
abgezweigten „Langenstraße"[3]); dazu die vielsagende Lage am Berührungs-

---

[1]) wie die großen Züge vom Merfelder Bruche (Letter Kluse) bis Wiedenbrück
(R. u. W. in Bonner Jahrb., 96, 223 f.) und von Dorsten (oder Lavesum) nach
Walgern zu Everswinkel (Warendorf) oder die kürzeren von Dolberg bis zur Senne
(und von Dorsten Wulfen bis zum Merfelder Bruche?).

[2]) Welch ein Gegensatz die zuerst betretenen (heimischen) Vicinal- Wald- und
Uferwege (R. in Bonner Jahrbb. 95, 227) und die gelegentlichen Anlagen durch Gehölze u. s. w. Τὰ τε γὰρ ὄρη καὶ φαραγγώδη καὶ ἀνώμαλα καὶ τὰ δένδρα καὶ πυκνὰ
καὶ ὑπερμήκη ἦν, ὥστε τοὺς Ῥωμαίους καὶ πρὶν τοὺς πολεμίους σφίσι προσιεναι, ἐκεῖνα
τέμνοντας καὶ ὁδοποιοῦντας γεφυροῦντάς τε τὰ τούτου δεόμενα πονηθῆναι. Dio
Cassius, Historia Romana 56, 20.

[3]) 2 km nordwestlich von Kappel kamen aus ihren Dämmen bei Kemper eine
Urne (Westfäl. Ztschr. 53, 268), daneben eine Römermünze und bei Hollenhorst eine
Steinwaffe zu Tage. Mittheilungen der Herren Fr. Ense-Liesborn, und Pastor Fleige-
Hellinghausen.

punkte der drei streitbaren Völker Bructerer, Cherusker und Sigambern[1]), die vielen kleinen und großen Denkmäler, die den Platz ringsher bedeckten, die sichere Lage der Lippe-[2]) und Glenne- (Nom-) Ele, die Bruchstrecken der Senne (S. 4, R. 3) welche diesen Winkel im Osten, die Wasserläufe, die charakteristischen Ortsnamen, die verschiedenen Lager und Burgen, die Complexe von Landwehren,[3]) welche ihn im Süden und Norden[4]) der Lippe, im Westen und Osten der Glenne, kurzum auf allen Seiten umringen und umklammern.[5])

*   *   *

Blicken wir nun zurück auf Delbrück und seine Umgegend, so war diese eine sandige, faulgründige und wilde Landschaft; davon zeugen der Boden und viele einfache oder mit andern Begriffen zusammengesetzte Orts- und Hausnamen,[6]) so von dem unwirthlichen Erdreiche

---

[1]) d. h. auf dem Ostsaume der Bructerer gegenüber den beiden andern Völkern. Vgl. Fr. Knoke, Kriegszüge des Germanicus 1887. S. 313.

[2]) „Zwischen ihr und der (nördlichen) Liese geht bei den Landleuten die Sage, dort liege ein Mann in goldenem Sarge begraben“. Schneider, in Picks Monatsschr. VI, 264 vgl. Schmidt, a. O. 20, 292.

[3]) Bis zur Möhne hin ein förmliches Netz, eingefaßt von zwei Süd-Nordwehren, wovon die eine über Stirpe, die andere über Ostinghausen der Lippe zustrebt.

[4]) Unstreitig als die schwerstwiegende, weil sie auch im Norden den Westwinkel der Lippe und Glenne abschließt, ein seit Jahren nach Anzeichen gesuchtes und jetzt nachgewiesenes Dammwerk. Es erscheint in der Bauerschaft Büttingen nördlich von Su(d)ermann, streift Peik in der Bage, geht ostwärts vom Bagedamm in den Fluren „auf dem Hagen“ an Hagemann, weiter an Ahlke (südlich) vorbei über Stuttenbäumer und dann vermuthlich bei gerader Flucht auf die Cappeler Glennebrücke. „In der Nähe von Stuttenbäumer sind noch alte Reste . . ; längs dem (früheren) Hagen fließt (im Süden) ein Bach mit Namen Hagenbach.“ Bericht des Herrn Ense-Kemper Liesborn d. d. 1897 19, 12.

[5]) Literatur über den Platz und mehrere Denkmäler Schmidt a. O. 20, 272 ff. 287ff. 393. Schneider, Neue Beiträge, XI, 16 u. Karte, Heer- u. Handelswege VIII, 5 IX, 21 f. u. Karte, ders. in Picks Monats-Schrift IV, 144 ff. V, 439 VI, 264. Hölzermann a. O. Uebersichts-Karte B. Taf. I u. II. R. in Bonner Jahrbb. 95. 222, Darpe, N. u. W. Westf. Ztschr. 53, 131 f. 303 f. 313.

[6]) Solche verraten auch bestimmt genug die allmählige Cultur der nördlichen Senne. Nordhoff in der Ztschr. für Preußische Gesch. und Landeskunde XX, 202. Eine möglichst vollständige und genaue Erhebung der alten Flur- Hof- und Hausnamen etwa nach der Anweisung von A. Muncke in Picks Monatschrift II, 417 f. und Hodenberg in der Ztschr. für Niedersachsen 1868 S. 339. erweist sich gegenüber den Verlusten, welche ihnen seither beigebracht und gegenüber den Gefahren, denen sie täglich mehr ausgesetzt sind, um so unerläßlicher, als sie aller Geschichtsforschung die wichtigsten Aufschlüsse und Anhaltspunkte zu geben vermögen.

„Heide, Sand (Sander) Venne", von den Faulgründen „Ahle, Bach,
Broch (Bruch, Bröler), Brücke, Köller (von Kolk,) Kuhle, Moor, Möse
(= Dreck, Morast,) Pohl, Pöhler (von Pfuhl,) Schwarze Graben,
Venne, Wiese"[1]) und mit dem Tract der Möse ergab sich auch im
Nordwesten die auffällig regelmäßige Grenzlinie. Die Wildniß ver-
rathen die Wolfsgruben zu Hövelhof,[2]) der Flurname Wulfshorst und
die einstige Thierwelt, die Sau, der Hirsch und das Reh. Zwischen
den blanken Sandflächen, den Sümpfen, Morästen und trägen Wasser-
läufen verästelten die erhöhte Wasserscheide[3]) der Ems und Lippe und
mehrere stellen- und zeitweise noch wohl mit Wasser bedeckte Striche,
und darauf wechselten Lehm- und Mischboden, grüne Oasen und, nach
Bodenfunden[4]) und Ortsnamen[5]) zu schließen, auch Gehölze. Die
günstigen Stellen haben, wie die alten Metallfunde (S. 11)ausweisen,
schon früh Wandervölker angezogen. Sie kommen weniger dem Nord-
ost- als dem Südweststriche zu, denn hier waltet noch heute die schönste
Abwechselung im Anbaue, und hier mögen auch die Anfänge der Hofes-
bildung stecken. Die Gehölze gewährten einen natürlichen Hinterhalt
gegen Feinde — daher[6]) sie auch von den Römern sorglich durchsucht
wurden (S. 3, N. 3) — verhießen warme Ruheplätze und für die Zukunft er-
giebige Gelände. Vollends nützten die Oasen als Viehhuben und diese
fielen um so mehr ins Gewicht, als ursprünglich auch den Germanen

---

[1]) Mertens? Eine zwei Stunden lange und ebenso breite Sandwüste voll
Sümpfe und Heidekraut umschloß die Gegend von Hövelhof. Wigands Archiv IV,
432. Die Sümpfe und Gehölze halfen in Kriegsnöthen mehr, wie andere Schutzwehren.
Noch 1410 — es war im December — im Kampfe mit dem Churfürsten von Köln
und dem Grafen von Cleve machten, wie uns Gobelin Persona, Cosmodromium aet. VI
c. 91 schildert, die Delbrücker zwischen ihnen dem Feinde jeden Schritt streitig oder
sie bezogen die Zwischengründe als Hinterhalt. Aehnlich im Eburonen-Lande: Non
oppidum, non praesidium . . . aut vallis abdita aut locus silvestris, aut
palus impedita . . . et silvae incertis occultisque itineribus confertos adire
prohibebant. Caesar l. c. VI, 34, und Kaiser Maximin wäre weiter nach Norden vor-
gedrungen nach (Capitolinus c. 12 in SS. Histor. Augustae (1863) I, 9,), nisi Ger-
mani omnes ad paludes et silvas confugissent.
[2]) „Noch jetzt verkünden die (hiesigen) Wolfsgruben, daß auch hungrige Wölfe
die frühere Wildniß bewohnten." Schmidt a. O. XVIII, 11.
[3]) Allgemeines bei B. Broelhues im Programm des Apostel-Gymnasiums zu
Köln 1884 S. 18, über die Vegetation der nördlichen Heiden S. 6.
[4]) N. in Bonner Jahrbb. 95, 225.
[5]) Außer den in Bonner Jahrbb. 95, 225 vermerkten noch Büscher, Lohmann,
Redecker, Robehuth u. a.
[6]) Daher wohl auch die Redensart: „da war der Teufel im Busch."

der Ackerbau fern[1]) lag. Sie haben auch, falls sich eine römische Niederlassung[2]) unter dem lebhaften Kriegsgetriebe angesetzt hatte, diese spurlos verwischt. Sicher entsprechen die Fundörter von Alterthümern, sofern diese nicht mit den Wegen zusammenhangen, auch den Hauptstrichen der Frühbesiedelung; die Urnenstätten vertheilen sich auf Steinhorst, Ostenland,[3]) die Seglingheide und andere Punkte, doch jedes Mal auf die Nähe mehrerer Bauernhöfe und diesen als Begräbnisse wohl ebenso gemeinschaftlich, wie die mehr als zwanzig Viehhuben, die man für die Mittelpunkte der Ansiedelung angesehen hat. Es wohnten hier schwerlich mehr d. h. so weit nach Osten vorgeschoben Bructerer,[4]) sicherer die Cherusker, zumal da die Faul- und Sandbreiten im Westen und Norden, wie später gegen das Münsterische und Rietbergische, so unstreitig früher gegen das Bructerische, eine schwer überwindliche Naturgrenze zogen.

Wie anderwärts genügten nächst und neben den Wagenhäusern[5]) als Wohnungen Strauchzelte, mit oder ohne diese (Kessel-) Gruben,[6]) etwas weiter im Osning sogar eine Höhle.[7]) Auch in der ganzen Senne faßte der Ackerbau so zaghaft und nebenläufig Fuß, daß noch langehin auf großen Höfen Holz und Weide das Feld überwogen.[8])

Erst nach und nach sind wirthlichere Züge dem wilden, armen Boden aufgeprägt, Wege eröffnet, Culturen eingeführt, und den Heidekräutern der Bienen auswärtige Nutzpflanzen zugesellt; stufenweise

---

[1]) Caesar l. c. VI, 22, 29.

[2]) Vgl. H. Erhard, Regesta Histor. Westfaliae I, Nr. 17.

[3]) Oben S. 7 ff. und Westfäl. Ztschr. X, 227.

[4]) Welche Ferdinand von Fürstenberg, Monumenta Paderbornensia. Ed. Elsevir. 1672 p. 58 f. und seine Anhänger hier wähnen.

[5]) Vgl. über die Schäferkarren K. Weinhold, Geschichte der deutschen Frauen im Mittelalter 1851 S. 325.

[6]) Unfern auf der Bocker Heide dienten bis in unser Jahrhundert den Tagelöhnern noch Erdgruben und elende Hütten von Stangen und Heideplaggen. Dr. Leidenroth, Gymn. Programm Hamm 1860 S. 20, E. Vehse, Geschichte des Hauses Lippe und Büdeburg S. 107. Vgl. Hartmann in Bld's Monatsschrift VII, 482. Nordhoff im Corresp.-Blatte für Anthropologie . . 1890 S. 76, Hune a. O. S. 27.

[7]) Wie ein darin gefundenes Beil aus Feuerstein bezeugt. Wilbrand a. O. XI, 107 f. Allgemeines über natürliche und künstliche Höhlen bei J. Ranke im Corr.-Blatte für Anthropologie . . . 1878 S. 92. A. Hosius das. 1890 S. 87 f. L. Curße, Gesch. und Beschreibung des Fürstenthums Waldeck 1850. S. 42 f. H. Landois im Jahresb. des Westfäl. Provinzialvereins für Wissenschaft u. Kunst 1895 S. 89, über Stollen Much im genannten Corresp.-Blatte 1879 S. 105.

[8]) Muncke a. O. III, 385.

voran haben[1]) die Boll= und Halbmeier[2]) ihre Haupthöfe (neben den Viehhuben,) in den weiten Marken, die (alten) Kötter[3]), die Barben= hauer (Viertelmeier) mit dem Beile vorzüglich im Holze, die alten Zuläger (Achtelmeier) auf andern Gemeingründen ihre Neuhöfe, die neuen Zuläger endlich auf privaten wie auf gemeinen Boden ihr kleines Anwesen angelegt, und trotzdem blieb die Hälfte des Landes noch „Gemeinheit", ein großer, immer noch werthvoller Rest.

Längst war jener Prozeß der Ansiedlung nicht abgeschlossen, da entstand seit dem Jahre 1600 eine Bevölkerung, „welche überall den ganzen Zustand des Landes verändert hat," jene durch Heuersleute,[4]) und diese fanden auch im Delbrück'schen gegen Pacht oder Dienste entlegene Hausräume auf den großen Colonaten und gewisse Ver= günstigungen in der Gemeinheit. Rechnet man noch die gesonderten Leibzuchten[5]) der Höfe hinzu, so gab es schließlich im Delbrücker Lande an Heerdstellen eine reiche Zahl, und dennoch „war und blieb Jahr= hunderte hindurch ein kräftiger Bauernstand, ein wohlhabender Mittel= stand und ein freudig dienender Heuerlingsstand". Uebervölkerung und Armuth trieben erst in neuester Zeit die Jugend massenhaft in aus= wärtige Dienste, als die Gemeinheit, welche in Marken zerfiel,[6]) unter den Franzosen arg heimgesucht, dann aufgetheilt wurde. Bis dahin

---

[1]) Zur folgenden Skizze des Anbaues und der Landesverfassung vgl. P. Wi= gand, Provinzialrechte der Fürstenthümer Paderborn und Corvei (1832) II, 395—423, (die Urkunden) III, 29, 32, 66 ff. 229, (Derf.) das Land Delbrück. Zur Geschichte seiner Verfassung und Rechte in Wigand's Archiv (1831) IV, 430 ff., W. Schmidt, das Land Delbrück und seine Bewohner (1857) a. O. XVIII, 1—49. „Beschreibung des Landes Delbrück von Kaplan Stephan Richter in Delbrück" (c. 1863/64), Folio= Handschrift von 14 beschriebenen Blättern im Besitze des Herrn Ludwig Brenken daselbst.

[2]) Ganz widersprechende Deutung beider Colonatsstufen bringen das Rietberger Landrecht in Wigand's Archiv V, 143 und F. Huldermann in Schriften des Vereins für Socialpolitik (1883) 24, 94. Allgemeines über Meier und Meierrecht, Leidenroth, a. O. S. 19, Wigands Archiv III, 144, Curtze a. O. S. 251 ff. „Sattelmeier in Sachsen, Engern und Westfalen" im Correspondenz-Blatte des Ges.-Vereins 1855 III, 17. Die Meier Westfalens kommen im Westen nur mehr vereinzelt neben den „Schulten" vor (Nordhoff, Haus Hof S. 28, 35), im Nordlande der Zeller (E. F. Niemann, das Oldenburgische Münsterland (1889 S. 162) fehlen beide.

[3]) Bei Wigand, Pr R. III, 89, 104 II, 415. Vgl. über sie Klöntrup a. O. II, 228, Nordhoff, Haus Hof. . . S. 25.

[4]) C. Stüve, Geschichte des Hochstifts Osnabrück (1853) I, 44.

[5]) Vgl. über sie Wigand a. O. I, 182, 187 f. Stüve a. O. II, 738 f. 610 und Klöntrup, a. O. II, 265.

[6]) Also umgekehrt wie im westlichen Münsterlande. Vgl. F. Söteland in der Westfäl. Ztschr. XVI, 74 f.

begriff sie troß aller Beschneibungen, Colonisationen und Kriege noch
die Hälfte des Landes und das „Heiligthum" ließ seine Gaben Reich
und Arm zu Gute kommen.

Wie die Besieblung hat sich geraume Zeit auch die Gemeinde= und
Pfarrbildung auf dem Sande so träge, so locker, so örtlich entwickelt,
daß die ganze Senne später unter verschiedene Gaue,[1] sofern diese
auch wüstes Revier einbegriffen, — Herrschaften und Diözesen zerfiel,
daß gar in einzelnen Pfarreien (z. B. Isselhorst und Rietberg[2]) wie in
einzelnen Gebieten zeitweise die Diöcesan= beziehungsweise die Landes=
hoheit[3]) unentschieden war — Alles daher, weil die meisten Striche
im Anfange der historischen Zeit verlassen hinlagen und den benach=
barten Hoheiten erst in Betracht kamen, als eine Besiedelung und wohl
meistorts in buntem Zuzuge von aller Herren Ländern eintrat. Von
den Pfarreien der Senne stammt vielleicht nur Rietberg[4]) aus der
Bekehrungszeit, alle übrigen sind spätere oder neuere Gründungen.

Selbst das große Delbrücker Kirchspiel war ursprünglich Zubehör
der Mutterpfarre Boke[5]) an der Lippe.

Hätten nicht heidnische Erinnerungen und altgermanisches Wesen
weit in die historische Zeit fortgelebt, so sollte man vermuthen, hier
wäre zur Zeit der Bekehrung die alte Bevölkerung erloschen oder doch
vergessen gewesen, indem nie der kirchliche Zehnte entrichtet[6]) ist.
Jedenfalls war ihre Zunahme lange schwach und zurückgeblieben,[7] wenn
der Hausbau und andere Culturelemente, wovon wir noch hören werden,
weniger der Paderborner Nachbarschaft als anderen Landtheilen gleich=
artig d. h. entlehnt sind. Darnach bankte also die Urbevölkerung ihren

---

[1]) N. u. W. in der Westfäl. Ztschr. 53, 307.

[2]) Holscher a. O. 37, II, 33, 34 f., Nordhoff, Kunst= und Geschichts=Denkmäler
II, 27, ders. in der Ztschr. für Preußische Gesch. 20, 203.

[3]) G. J. Rosenkranz in der Westfäl. Ztschr. XI, 346 f.

[4]) Nordhoff in Bonner Jahrbb. 95, 225.

[5]) Holscher a. O. 37, II, 32; 44, II, 70.

[6]) Ueber die Andauer des Heidenthums in anderen westfälisch-sächsischen Ge=
genden vgl. Nordhoff, die ersten Bekehrungsversuche in Westfalen im Histor. Jahrbuche 1890 S. 296 u. Papsturkunden Westfalens, bearbeitet von H. Finke 1888
Nr. 324 wornach noch 1225 multi pagani ... de facili converterentur ad fidem,
nisi per negligentiam prelatorum et quorundam avaritiam de decimis et aliis
temporalibus inter se contendentium remanerent. . .

[7]) Sicher hätte auch sie davon profitirt, wenn der Meliorationsplan des
energischen Bischofs Meinwerk (1009—1036) zu Gunsten der Boker Heide weiter ge-
biehen wäre. Vgl. Leidenroth a. O. S. 20, Wurffbain in Erdkams Ztschr. für Bau-
wesen 1856 VI, 18, mit Tafel.

Hauptnachwuchs Bructrien und Nordengern.[1]) Auch der Name ist spät, ebenso wie die Stätte, wovon er ausgegangen. Denn nach der Tradition sollte ½ Stunde nordöstlich von ihr auf dem Kellerbrinke[2]) die Kirche erbaut werden, und als sich Schwierigkeiten einstellten, soll ein Gottesurtheil dafür die jetzige Stelle bezeichnet haben. Der Ort war ohne Hauptweg, mit Ausnahme einer Anhöhe „feucht, lehmig und mußte erst mit Brücken zugänglich gemacht werden; daher der Name Delbrück."[3]) Thatsächlich bildete sie den Kernpunkt einer Ansiedlung, die erst allmählich zu einem Dorfe oder Flecken angewachsen ist, und stellte dieser auch nur zwei rathsfähige Meier, wie man sagt jene, auf deren Gründen die Kirche erstanden war.[4])

Im 12. Jahrhunderte hatte Delbrück sicher Pfarrrechte erworben, denn dieser Zeit entstammt der Kirchenbau[5]); aber was besagt ein Gotteshaus mit Kreuz und mit zwei Gewölben im Mittelschiffe, dessen sich viele andere Kirchstätten ebenso rühmten, inmitten einer Gemeinde, die fünf bis sechs große Bauerschaften, d. h. das ganze Delbrücker Land umfaßte.

Ein merklicher Zuwachs der Seelenzahl zeigt sich erst um 1400, als die Kirche erweitert wurde, und dann wieder nach den Hövelhofer Culturen[6]) im Anfange des 18. Jahrhunderts, wo Hövelhof und Westenholz sich zu selbständigen Pfarren ablösten.[7])

Die Grenzlage, der Gürtel von Sümpfen oder Wehsand, die einheitliche Bodennutzung, die wie von einem Mittelpunkte angewachsene Besiedelung, die nach Weise der Inzucht erfolgte Bevölkerung, ihre gemeinsamen Ziele bezüglich der Nahrung, Lebensart und Kriegswehr

---

[1]) Es wird auch wegen des Paderborner Diöcesan-Verbandes zu Engern gerechnet. L. v. Ledebur in Wigands Archiv 1, I, 45 f.

[2]) Auf dem Kellerbrinke verkündeten noch 1506 die Abgeordneten des Fürsten den Delbrückern ein Privileg bei Wigand, Pr. R. III, 72.

[3]) Hier wird ganz irrig die erste Ansiedlung gewittert von Wigand im Archiv IV, 431. Es vertheilen sich also auf die eine oder andere benachbarte Wohnstätte auch die Funde mit der allgemeinen Ortsbezeichnung „Delbrück".

[4]) Behauptet wird auch, es habe seit der Bekehrung die „noch heute vom ganzen Lande unterhaltene" Kapelle zu Lippling bestanden.

[5]) Ungenau datirt bei W. Lübke, Mittelalterl. Kunst in Westfalen 1853. S. 112. Taf. V, 10. Der urkundliche Werth der alten Kirchenbauten kommt doch auch der einstigen Bedeutung ihrer Lage und der Größe der betheiligten Seelenzahl zu Gute. Vgl. Westf. Ztschr. 53, 295.

[6]) Wigand im Archiv IV, 432.

[7]) Holscher a. O. 37, II, 32, 33 und oben S. 2.

begründeten für die um die Huden entstandenen[1]) fünf bis sechs Bauer=
schaften den Charakter einer großen enggeschlossenen Gemeinde. Diese
gehörte in historischer Zeit allem Ermessen nach und bei schwacher Be=
völkerung wohl wenig bemerkt[2]) als Untergau zum Pabergau,[3]) trat
zunächst in ein Schutz= (Vogtei=), dann in ein Unterfassen=Verhältniß
zum Bischofe von Paderborn, und errang (oder bewahrte) nun, zumal
in ihr kein Haupthof (mit einem Villicus) oder ein anderer Anker
auswärtiger Machtstellung bestand, als Küchenamt oder Droftei[4])
eine so bevorzugte Stellung, daß „das Delbrücker Land"[5]) geraume
Zeit von der angestammten Freiheit und Selbstverwaltung nur wenig,
von dem ureigenen Rechtswesen[6]) beinahe nichts einbüßte. Es leistete
dem Fürstbischofe Herrendienste,[7]) mild bemessene Abgaben, Kriegsfolge
und sah als Sendlinge nur selten dessen Beamten, den Vogt, den
Rentmeister und Drosten. Der Droste, ursprünglich ein Domherr, dann
als Stellvertreter ein Gograf bestätigte die beiden Landrichter, von
drei vorgeschlagenen Candidaten die beiden Landknechte und ernannte
(später) aus den Insassen einen fähigen Landschreiber (Actuar), welchem
das Rechnungswesen und das Archiv unterstand, revidirte im letzten
Gange die Rechnungen und führte den Vorsitz bei den (Jahres=) Bur=
ober Gogerichten. Landesverwaltung und Rechtswesen einst eng mit
einander verwachsen lag in der Gewalt einer bäuerlichen Aristokratie.
Ein Rath von 20 später 24 Voll= und Halbmeiern, der jährlich zur
Hälfte[8]) und der Reihe nach wechselte, entschied über die Verwaltung,

---

[1]) Nach G. v. Maurer, Gesch. der Städteverfassung in Deutschland 1870, II,
136 f. I, 249, wäre hier wie in der Soester Börde die Gemeinde aus der Markge-
nossenschaft hervorgegangen. Vgl. dagegen Nordhoff, Haus, Hof . . . S. 26.

[2]) Ganz ähnlich, beinahe gleich auch in der Selbstverwaltung das Sater- (Vgl.
C. L. Niemann, das Oldenburg. Münsterland. 1889, S. 163; G. Sello, Saterlands
ältere Geschichte 1896) und das Westerwoldinger-Land. Vgl. K. v. Richthofen, Untersuchungen über friesische Rechtsgeschichte. (1882) 2, II, 1294 f., 1301 ff.

[3]) Holscher a. O. 54, II, 97, 100.

[4]) A. F. Büsching, Erdbeschreibung 1790. VI, 163.

[5]) „In Westfalen weiß man nichts von Gauen, wohl aber von Ländern; ob-
wohl beides auf eins hinauslaufen mag." N. Kindlinger, a. O. II, 72; III, I, 124.
Vgl. dagegen G. Waitz, Verfassungs-Geschichte A2 V, 192 f. und die Gaunamen der
Holscherschen Karte des Bisthums Minden in Westfäl. Zeitschr. 35, II.

[6]) Nach dem Delbrücker Recht richteten sich auch die Stukenbrocker. Rosenkranz
a. O. XI, 350.

[7]) Darunter auch das Brieftragen innerhalb des „Fleckens" Delbrück. Wigand
a. O. III, 106.

[8]) Ganz ähnlich den Altsoester Verhältnissen. Vgl. J. Pieler in Wigands Archiv IV. 12, Ahrens a. O. 1871 S. 14, 15.

gab nach Gewohnheit und Tradition die Gesetze (Landesurtels,[1]) Weistümer) und wählte wiederum aus den Meiern ohne Unterschied der Eigenbehörigkeit die beiden Land=Richter und =Knechte. Die Land= Richter, welche auf Lebenszeit fungirten, sprachen in erster Instanz jeder Partei nach den Landesgesetzen das Recht, fällten (früher) sogar das Urtheil über Leben und Tod; die Landknechte, von denen jährlich der ältere abtrat, führten die Verwaltung, vollstreckten die diesseitigen Beschlüsse des Rathes und trafen die Vorbereitungen für das Jahres= gericht.[2]) Die Malstätte für Gerichts= und Landesurtheile war vor einem Hageborn;[3]) in Delbrück, hier also auch unter freiem Himmel[4]) die gespannte Bank: bair sal eyn juwelick Recht nemen und geven, geven und nemen, als seck dat gebort. Das von den Genossen (auch von den kleinen Leuten) gehegte Gericht (Hölting) der Westenholzer und ebenso der Westerloher Mark galt rein wirthschaftlichen Angelegen= heiten, nämlich der gehörigen Pflege und richtigen Nutzung der Ge= meingründe.

Zeugen der alten Herrlichkeit und Selbständigkeit waren werth= volle Geschenke an den Schutz= und Landesherrn und allerlei Abzeichen der öffentlichen Gewalt, eine Landesfahne und =Trommel, die Piken (spontons) der Rathmänner, die mit Gold und Silber montirten Scepter der Landknechte, das Siegel (mit einem Kreuze) des Land= schreibers; das Land gebot, wie es heißt über gewisse Münzgerechtsame und anscheinend sogar über eine gewisse Landwehr.[5]) — Alles so frei und volksthümlich wie in einer halben Republik „von Alters her."

---

[1]) Auch jedem Delbrücker ein solches auf seine Frage (Wroge) Schmidt a. O. XVIII, 33.

[2]) Nach dem Privileg von 1506 (bei Wigand III, 72) tagte es zu vier Zeiten des Jahres, Winters zwischen 8 u. 9, Sommers zwischen 7 u. 8 Uhr.

[3]) Später eine offene Halle. Bessen a. O. II, 146.

[4]) Weder hier noch in den Ort- und Bauerschaften läßt sich ein Gilde- oder Spilhaus verspüren. Vgl. Nordhoff, Haus, Hof S. 217, Westf. Ztschr. XVI, 72, XVIII, 315, R. Wilmans im Westf. Urk.-Buche III, S. 721, N. 2, Nr. 1670, Additamenta p. 136, Seibertz, Blätter z. nähern Kunde Westf. IX, 43; das Gildehaus zu Güters- loh ist noch 1627 wieder erbaut. Staats-Archiv Münster, Amt Reckenberg I, 34.

[5]) Dahin gehörten auch die vier an den Eingängen des Landes östlich in den Holweiden, nordöstl. im Espeln, nördl. auf Neubrück, südwestl. zu Westenholz ange- brachten Sperrbäume (Schlingen); vier eigens als Achtelmeier dort abgabenfrei ange- siedelte Weder bewachten sie und gaben, wenn nöthig, weithin ein Signal mit einer Trommel. Conf. Gobelin. Persona, l. c. VI, 91.

Es kannte Junker, Jesuiten, Juden und (Buch-) Juristen ebenso wenig wie eigentliche Standesunterschiede, Vemstühle,[1]) Zehnten[2]) und Zunftbann. Es genoß Markt- und große Zollfreiheiten und trieb wie der Ort Delbrück Handel und Handwerk in Innungen, ja es machte wie in aller Hinsicht eine Gemeinde, so im Gewerbetriebe eine Gilde aus.[3])

Gegenüber den Erschütterungen, welche die spätern Jahrhunderte überall dem Volksthume heraufbeschworen, und namentlich gegenüber den gutsherrlichen Umwälzungen, konnte das Delbrücker Land mehr vom alten Rechtswesen, das selbst vor dem Reichskammergericht behauptet wurde,[4]) als von der alten Selbstverwaltung retten. Die Zinspflicht wich einer immer mehr erschwerten Hörigkeit[5]) — es gab am Ende sogar vierherrige Leute — das ursprüngliche Jagdrecht den Jagd- und Treiberdiensten; mit der Schreiberei mehrte sich die Zahl der Beamten. Der Gograf nahm seinen Sitz zu Delbrück,[6]) spielte den Gilderichter und gewann im Rechtswesen einen steigenden Einfluß, in einigen Sachen sogar das Recht der Entscheidung. Das Vogteigericht war längst erloschen oder mit dem Landgericht verschmolzen.[7])

Im bürgerlichen Leben stiegen die Freigebliebenen hoch über die hörigen Voll- und Halbmeier, immerhin blieben diesen im öffentlichen Leben Vorrechte vor den übrigen Colonen. Unter allen Landesinsassen bestand die allerengste Zusammengehörigkeit; Fremde, sogar Heuerlinge fanden keinen Zulaß. Von Haus aus verschlang ein engeres

---

[1]) „Im Delbrücker Ländchen . . . gab es kein Freigericht“ Th. Lindner, Die Veme 1888 S. 158.

[2]) Schmidt a. O. XVIII, 20. Die Delbrücker Zehntfuhren des Landrechts bei Wigand a. O. II, 420, III, 104, betreffen auswärtige Lasten.

[3]) G. v. Maurer, a. O. II, 490, Wigand a. O. III, 88. „Alle Rohstoffe und sonstigen Vorbedingungen zu jeglicher Industrie fehlten, hat auch kein Zweig derselben . . . Platz greifen können.“ Neben der Bienen- und Gänse-Zucht war (Haus-) Gespinnst aus heimischem Hanf und Lippischem Flachs eine Haupterwerbsquelle.

[4]) „So habe ich von alten Leuten gehört, daß auch bei der geringsten Veranlassung der Ruf: „Unsere Rechte werden verletzt. Nach Wetzlar“ erschollen sei.“ Randnotiz zu Richters Beschreibung. (Vgl. S. 31, N. 1).

[5]) Wie es heißt, blieben nur drei Bauern frei und bestand Zwang zu den bischöflichen Mühlen.

[6]) 1788 heißt es wieder: „Ein zeitlicher Drost in der Delbrück, zu Neuhaus und Böcke soll hergebrachter Maaßen ein Capitularis sein,“ bei U. F. Kopp, Bruchstücke zur Erläuterung der teutschen Geschichte 1799 S. 66.

[7]) Wigand a. O. III, 78. Vgl. L. Schücking in der Westfäl. Ztschr. 55, 10, N. 2.

Familienband die neuen Zuläger mit manchen Colonen und „noch heute (um 1864) gibt es keinen Heuerling, der nicht Verwandte selbst unter den größten Colonen, und keinen Meier, der nicht Verwandte unter den Heuerlingen hätte."

Die Delbrücker theilten im Ganzen mit den nördlichen Nachbar= gegenden und dem Paberborner Lande die Meier, mit dem letzteren auch zumeist den Dialect, mit dem nördlichen Westfalen die abgeson= derten Leibzuchten,[1] mit den nordwestlichen Landestheilen die Bauer= schaften und den Pumpernickel,[2] die Einzelhöfe, die Wallhecken[2]), mit der Emsgegend das Ackerwesen und zumal mit dem Münsterlande die große in Tenne und (Quer) Küche entfaltete Hausanlage.[4]

Die Delbrücker hatten, wie beim Buchweizen und Honig nicht anders zu erwarten, einen Körper, stark wie die Eichen, worauf jeder Wehrfeste stolz war. Alle umschlang als festes Band familiäre Gegen= seitigkeit, lebendiger Gemeinsinn, ein naturwüchsiges „schlagbereites" Wesen, ein fröhlicher, bildsamer[5] Geist, warme Anhänglichkeit an ihren Sitten, Gebräuchen, Sagen und Trachten. Eine urgermanische, volks= thümliche Atmosphäre durchzitterte das ganze Land.

*　　*　　*

Was einst öbe und unwohnliche Landstriche zu bedeuten hatten, warum sie von den Germanen[6] wie von den Römern[7] als Landes= marken so scharf im Auge behalten wurden, darüber kann die west= fälische Senne mit ihren monumentalen Alterthümern belehren;

---

[1] Vgl. Klöntrup a. O. II, 265.

[2] Dieser, die Wallhecken und Einzelhöfe angeführt bei Schmidt a. O. XVIII, 41, 12 f.

[3] Caesar l. c. II, 17, Nordhoff, Haus, Hof . . . S. 17.

[4] Nordhoff, daselbst S. 10, ders., Das westfälische Bauernhaus in Westermanns Illustrirten Monatsheften, Mai 1895 S. 239, 236 f. Fig. 10.

[5] Einige widmeten sich ruhmreich auswärtigen Kriegsdiensten, viele höhern Studien. „1785 war die Landschule in einem vorzüglichen Zustande, so daß die Bauerknaben nicht nur in der Religion, sondern auch in der Mathematik und Ge= schichte unterrichtet wurden" Büsching a. O. VI, 163.

[6] Civitatibus maxima laus est quam latissime circum se vastatis finibus solitudines habere. Hoc proprium virtutis existimant, expulsos agris finitimos cedere, neque quemquam prope audere consistere. Caesar l. c. VI, 23, cf. IV, 3, v. Peuker a. O. II, 348.

[7] Diesen dienten sie am Rheine streckenweise als Grenzsperre. J. Asbach in Bonner Jahrbb., H. 86, 276.

Sand, Sumpf oder Morast[1]) zog zwischen den Um= und Anwohnern einen geräumigen, schwer durchdringlichen und leicht' zu beobachtenden Grenzgurt, dem indeß für dieselben etwas Unheimliches und Un= geheures anklebte. Sie beherbergte neben wilden Thieren auch Land= streicher und Räuber[2]) und wer dorther kam, galt sicher für einen (Buiter) „Bube (Außen) Mann" für den Gräuel, womit man die Kinder einschüchterte. Gab es Unruhen oder Krieg, so hinderte oder erschwerte sie zu Gunsten der Um= und Anwohner zwar plötzliche Ueber= rumpelungen, aber keineswegs feindliche Anfälle überhaupt, insofern sie den Nachbarn und Kriegsvölkern ein freies Feld für Lagerung, Durch= Züge und Ausfälle bot. Daher war ihre Wehrhaftigkeit im Innern und namentlich auf allen Seiten, wo Naturschutz fehlte, mit künstlichen Anlagen zu verstärken und diese mögen sich zur Benutzung, Umge= staltung und Vermehrung von einem Volke auf das andere vererbt haben.

Zwar besäumen die Senne im Nordosten die Kettenglieder des Osninggebirges;[3]) allein da diese von einem alten Heerwege aus berührt, von der weiten Senne aus zugänglich oder von Pässen durchlöchert waren, so verriegelten sich die letzteren von Schlangen bis Derling= hausen[4]) mit Wällen (Knicks, Schlingen) und die Höhen bewehrten sich hier mit Langwällen, dort mit Schanzen und Burgen.[5]) Diese krönen oder sperren den Falkenberg, die Grotenburg,[6]) den Hermannsberg[7]) bei Stapellage und dessen Schlucht, den Tönsberg bei Derlinghausen, die Hünenfaut[8]) und deren Paß; daran schließen auf dem Bergrücken bis Bielefeld eine Landwehr und hier beschirmte den Paß vielleicht von Alters her der Sparenberg, sodann die mächtige Hünenburg, nordwärts

---

[1]) Ueber die Natur des Flugsandes vgl. Fr. Westhoff in Natur und Offenbarung (1882) 38, 84 ff.

[2]) Wigand im Archiv IV, 432.

[3]) Osnengi (mons) in Einhardi Vita Caroli M. — und (auswärts?) Hos- ningi ad an. 850 in Annal. Xantens. Mon. Germ. Hist. SS. II, 447, 229.

[4]) Clostermeier a. O. S. 103.

[5]) Vgl. über diese Schutzanlagen Hölzermann a. O. S. 94. 111 ff., 106 f. 92 u. Uebersichts-Karte A. — Fricke a. O. S. 79, 80 u. Beil 1, Wilbrand a. O. XI, 37, 48 f., 52 f., 56 f.

[6]) A. Wilms verspürt in Fleckeisens Neuen Jahrbb. für Philologie (1897) B. 155/156 S. 163 auch ein kleines Lager am Donoper Teich —, anscheinend dasselbe, was schon Fricke, Mittelalterl. Westfalen 1890 auf der Beilage skizzirt hat.

[7]) Nach v. Velth a. O. S. 120 wären am Fuße desselben noch jetzt deutliche Reste eines Römerlagers zu entdecken. Vgl. dagegen Wilbrand a. O. XI, 55.

[8]) Zu Lämmershagen. O. Weerth in der westfäl. Ztschr. 45, II, 178, 179.

ben Uebergang bei Dornberg eine Schwedenschanze, den Hengberg zwischen Halle und Werther ein ähnliches Werk, und die Befestigungen nahmen wahrscheinlich erst mit dem Ravensberge[1]) ihr Ende. Selbst in die Ebene hinab gehen südlich von Steinhagen einige Ringwerke bei Schabehard,[2]) zu Brackwede und anscheinend an der Tobranks-Heide bei Lanfermann auch Wallspitzen gegen den Hellweg,[3]) also, daß eine ganze Kette von stärkern oder schwächeren Wehranlagen stunden-weit drohend die Senne beherrschte. Kein Wunder, daß ihr entlang der Fuß des Osning mit Urnenhügeln,[4]) Urnen und andern Kleinwerken, die gewiß nicht bloß von Anwohnern herrühren, bis Ravensberg hin fast besäet ist.

Und nun die Westseite der Senne; hier begünstigte auf bruc-terischem Saume ein alter Hellweg von Lippstadt[5]) über Wiedenbrück hinaus eine freiere Bewegung. Um so mehr waren im Süden der Möse-Lachen die Lippischen Bruchstrecken (S. 4) zu verstärken; in der That gingen dem Hellwege im Osten zwei Landwehren parallel, eine westliche auf Burgfechtel (S. 18) eine östliche nach dem Lauf ihres Nestes zu Metting-hausen auf die Möse. Oder zählen sie noch zu den römischen Lippe-wehren? (S. 17)

Der Punkt, wo Haustenbach und Schwarzer Graben als Glenne zusammenfließen, heißt Burgwall und im Westen dieses Punktes zu Burgfechtel erzählen Gemäuer in der Erde und Tradition, daß dort ehemals eine starke Burg gewesen.[6]) Im Süden jene Landwehr, im Osten die undurchbringliche Möse und gen Norden zog sich ein (Sand-) Graben[7]) und der Buerhagen. (S. 40) So war der Rücken gegen die

---

[1]) J. Thieman in der Westfäl. Ztschr. 49, II, 162.

[2]) Nach W. Fricke, Bielefelds Sparrenburg A. 2. S. 27.

[3]) Wilbrand, a. O. XI, 53, 55.

[4]) Beginnen im Süden an der Paderborner Grenze nahe vor der Sandschelle. Clostermeier a. O. S. 274. Vgl. bei Tappe a. O. die Karte; jene im Westen von Bielefeld ausführlich bei Wilbrand a. O. XI, 39 ff.

[5]) Südöstlich von Langenberg hieß eine Strecke „Wellstraße". In ihrer und des Arnhorster Dammes (S. 4) Nähe, 10 Minuten östlich von Langenberg fand Colon Diftmann wiederholt Münzen; die waren, wie er sagte, nicht aus Silber und Gold, sie mußten aus Glockenmetall hergestellt sein. (Brenkens Schreiben von 1898 8, 3.) Im Osten schlängelte sich zu Bockel eine „Hilgenstraße" von Igelhorst über Geißel, Koler-lage und Dreismeier auf Wiedenbrück.

[6]) Bruns bei A. Tibus, Gründungsgeschichte der Stifter, Pfarrkirchen . . . . im Bereiche des alten Bisthums Münster (1885) I, 340.

[7]) Dieser wie der Schwarze Graben (Graft) sind laut ihren Namen Manufacte.

Senne weithin gedeckt. Aeltern Geschichtsschreibern galt Burgfechtel ohne Weiteres für die 776 von Karl d. Gr. gegen die Sachsen er=richtete Kriegsfeste. [1]) Von Fechtel nach Westen stieg seit Römerzeiten am „Failer Eck" vorbei, wo es eine Lippewehr (S. 17) schnitt, grade auf Wabersloh ein einwalliges Dammwerk, dessen Flucht sich im Westen des Ortes mit den Flurnamen „Lebber" und „lange Hiäge" markirt.

Weiter nordwärts galt es, die trockenen Gelände und Gefilde, welche vom Langen= und Stromberge allmählich gegen Osten bis weit über die Ems fortgewachsen waren, gegen die Senne mit Wehren zu ver=sehen. Gleich am Norbufer des Flußes, der hier vom Rheine bis zur Elbe den ersten militairischen Terrain=Abschnitt bildet, [2]) erhob sich eine Gruppe flach angelegter Höhen, [3]) auch nach den Sagen, [4]) die sie um=klingen, und nach ihrem Funbanhange, ein Volksplatz ersten Ranges. Der Name Hülsei (Hüls=eich Hül=eich) verräth eine nahe Schutzschranke, nämlich gegen die Senne hin eine jetzt mehrfach zerrissene Landwehr. Sie griff mit dem einen Arme („Buerhagen"), dem im Westen ein un=

---

[1]) G. v. Kleinsorgen, Kirchengeschichte von Westphalen. I, 157. Vgl. N. und Westhoff, Westf. Ztschr. 53, 303. Jedenfalls fränkisch sind die etwas südlicher bei Wal=trup im Osten der Glenne zwischen Urnenscherben und verbrannten Knochen gefundenen Eisensachen, ein Stegreif und eine Lanzenspitze (bei Hölzermann a. O. S. 48, Nr. 10, 11, Taf. V.) sowie auf der westlichen Flußseite die Fundstücke bei Plümpe (S. 15).

[2]) Peucker a. O. III, 246.

[3]) Brenkens Situationszeichnung und Beschreibung von 1897 16, 8. Anhöhen, natürliche, wie aufgeworfene, allein oder an Erdwerken belegene sind stets beachtens=werth und zumal Punkte mit den bezeichnenden Namen Barn (Berm), Barmte, (Grecelius, in d. Berg. Ztschr. 27, 266) Warte, (specula) Hamm(=Höhe, Abhang. R. Schröder in der Histor. Ztschr. 43, 58 vgl. Fahne IV, 11, Essellen in Picks Monatsschr. III, 588, Schiller-Lübben s. v., bei denen leider an einschlägigen termini kein Ueberfluß) Hohe=Lügt (Lüchter, Lichter), Luer, (Lues) Lohr (Fahne IV, 17) Lüer, Lüne (Schneider, Neue Beiträge II, 66 K. Christ in Picks Monatsschr. V, 632. Vgl. Lughenborg zu (Schap=betten) und Kappenberg: mons Sion id est speculationis. (Kapen, gaffen significat speculari.) Vita Godefridi comit. Cappenberg. II, c 2 in Mon. Germ. Hist. SS. XII, 515.

[4]) „Sagen und Erzählungen von untergegangenen Städten, verzauberten Schätzen, begrabenen Riesen u. s. w. sind wohl zu beachten, indem sie, wenn auch nicht immer, so doch oft alte Erinnerungen bewahren und wichtige Fingerzeige geben." E. v. Sacken, Leitfaden zur Kunde des heidn. Alterthums 1865, S. 203, da auch bei uns Sagen, welche Denkmäler und altehrwürdige Plätze umschweben, der Wissenschaft willkommene Dienste leisteten, (vgl. auch S. 28) so kann ihre Sammlung nicht genug empfohlen werden; je weiter sie auf der einen, die Denkmäler auf der andern Seite in der Er=forschung voranschreiten, um so mehr werden sie sich, was ihre Entdeckung und Be=deutung anbelangt, gegenseitig stützen und klären. Leider mögen heute manche Denk=mäler vergangen sein, deren Sagen nachleben und umgekehrt.

regelmäßiges Dammwerk zur Seite ging, südwestlich nach Batenhorst über, jenseits der Ems reckte sich der andere zunächst von einem tiefen Ostgraben begleitete Arm beinahe in der Richtung auf Gütersloh über (Bauerecke) Elsneck, Bäumker, Gierecker bis Graflage am Wappelbache, von wo ihn der Flugsand ersetzte.

Ein Landhagen, welcher sich davon bei Landwehrbauer beinahe in Nordostrichtung auf den Meier zu Frankenfeld ablöst, ist ursprünglich als Theilstrecke einer Römerstraße[1]) nämlich der geraden Dolberger Linie (S. 16) angelegt[2]) und jedenfalls nachträglich in das Landwehr-System verflochten. Oestlich von Frankenfeld, wo er Lambertswall heißt, kreuzt sie eine streckenweise zweidammige und auf den Seiten von Gräben befaßte Landwehr, die in Nordrichtung ungefähr am Rehäger, Hagen= heid,[3]) Hemshorn, am Sundern, Strangmann, Velhaus, Barkel, Hagen= lüke und Rebeckehof vorbei jedenfalls auf Isselhorst ging. Von Re= häger bekunden ihren Fortgang nach Süden bis an die Niederungen zu Rietberg und zwar in der Richtung auf den Thiergarten die Haus=

---

[1]) Wie schon Herr Premier-Lieutenant a. D. Mattenklodt zu Bielefeld in einem Fundberichte 1894 8, 4. vermuthete. Nordöstlich von Stromberg zwischen ihr und der Delbrücker Linie (S. 14) wurde mir vor einigen Jahren von einem anscheinend regel= mäßigen Erdrahmen noch der Zug zweier zerstörten Seiten und unter Dornenschutz ein Wallrest gezeigt.

[2]) Nachdem sie im Westen dieser Stadt den Brünnekenheger bei St. Vit, dann als „Langewende-Weg" eine Steinwaffe und eine Römermünze getroffen, berührte sie im Osten zunächst als „breiter Weg" die Jodenkuhle (vgl. S. 24, N. 5), dann Bronzegeräthe, die Höfe Gerling, Hagenbrock, Rebecker und Hacke und in dem Südostwinkel, welchen sie mit der Hülseyer Landwehr macht, einen Bronze-Celt; gen Osten ergeben sich vielleicht Spuren bei den Häusern und Fluren Biel, Deller, Hemken, zu Verl bei Schröder, Offelte, Gerskamp am Menkebach und bei Wernicke, zu Senne bei Dalpke, Virl, Schlingmann, Hellweg und Strunk in der Richtung auf die Oerlinghauser Schlucht. — Im Norden von Hülsei zielt ein Dreiwall-Rest, dessen Nordspitze an den Neuenkirchener Postdamm legt, einerseits auf Wiedenbrück, andererseits auf das Mittel von Neuenkirchen und Rietberg gen Steinhorst.

[3]) Hier schnitt sie ein alter Hellweg; derselbe führte ostwärts durch Kale und Stratesteffen hindurch auf Verl (5 Minuten nördlich. Postkarte des Herrn Professors P. Eickhoff zu Wandsbeck d. d. 1881 26, 10.) zum Landerbach, dann vielleicht über Kamerhof, Knocke, Eikenbusch, Ribshagen, Studenbrock, wo römische Münzen hervor= kamen, zur Stapelager Schlucht; westwärts von Coesfeld vorm Baum durch die Bauerschaft Kattenstroth, wo ihm der Hof Wallenforth, dann durch das Mittel von Delbach und Ems, wo ihm Küchenabfälle, eine Bronzewaffe, sowie die Höfe Winkel= mann, Herbrügger und Hünewinkel nahe waren, auf Herlage zu Herzebrock. Vgl. über ihn und den Kattenstroth-Bielefelder (?) Abzweig Schneider, Heer und Handelswege XI. 24.

namen Biek, Göcke, Heitreck, Eggenwirth, Buhlke,[1]) Erley, Steinhage
(Steinlage.) Aus dem Norden von Neuenkirchen und ebenso bei
Rehäger[2]) zeigen wieder Dammspitzen nach Nordwest beinahe auf
Gütersloh, letztere über den Mittelstrich der Höfe Schilker, Falkenreck
und Flieker. Von Jsselhorst langt ein schwächeres Werk südwärts in
die Bauerschaft Nordhorn; im Norden von Rheda taucht mit einer
Steinwaffe eine Oertlichkeit Aibhagen auf.

Daß man auch im Süden trotz der Lippe auf künstliche Abwehr
bedacht war, beweisen die Wallmassen bei Mantinghausen[3]) und im
Norden dieses Platzes eine von Osten nach Westen auf Rebbecke streichende
Landwehr. Zu Rebbeke sind auch zwei ungleiche Steinbeile[4]) und
westlich davon Feuersteinspitzen, südwestlich von Mettinghausen und
westlich neben Debinghausen Urnenscherben angetroffen.[5])

Im Norden der Senne erschwerte, obwohl schon die Wasserläufe
der Hessel dem Durchzuge Hindernisse bereiteten, die letzteren ein großer
Landhagen, der bei Hagemeier an der Lutter zu Marienfeld anhebt;
er umspannt im schwachen Nordwestbogen über Knufinke, Dammann,
Landwehr und Menke auf Brockhagen dann als Klingenhagen über
Hagemeier bis Steinhagen und endlich über Zwei-Schlingen bis an
den Gebirgskamm[6]) die einsame Landschaft.

Auch in das Innere der Senne drangen da und dort Langwälle;
die einen lassen sich nach charakteristischen Haus- und Flurnamen be-
sonders im Norden von Rietberg und in der Umgegend von Verl
wittern; die andern gehen deutlicher in Spuren oder auch gar in
Resten auf; auch diese wollen meistens, was die einstige Lage und
Beschaffenheit, die Entstehungszeit und den Zweck, ob er ein kriegerischer
oder wirthschaftlicher war, näher untersucht und geprüft sein: so u. A.
die „Römer"-Wälle, der Brunenknapp, der Algen- oder Alkenbrink
auf Siegenbrinks Heide, in der Umgegend von Delbrück der Lübben-
damm, der Nordhagen und in seiner Ostflucht der Dullwall, (S. 8, 12)
außerdem streichen in der Ostgegend durchschnittlich südwestwärts und

---

[1]) Soweit erinnern sich nachträglich noch ältere Anwohner seines Zuges.

[2]) und bei Eiken; diese heißt wiederum Lambertswall und ist wahrscheinlich
Mittelstrecke der andern. Im Westen desselben ein Hof Bolweg.

[3]) Hölzermann a. O. S. 87, Taf. XIX.

[4]) Laut Mittheilung des Besitzers Herrn Dr. Schupmann zu Gesike von 1890 10, 3.

[5]) Nach Funden des Herrn Professors Kersting zu Lippstadt und dessen An-
gaben von 1898 18, 1. Ostwärts von Mantinghausen gen Boke streicht eine „Römerstraße" auf Meßtisch Bl. Nr. 2366.

[6]) Die letzte Strecke bei Wilbrand a. O. XI, 56.

einander parallel verschiebene nicht gerade loose besetzte Häuserreihen[1]) in so regelmäßiger Flucht, als ob, wie auch anderwärts häufig wahrzunehmen ist, jedes Mal ein bereits durch Holzwuchs verbesserter Bodenreisen Grundlage oder Hintergrund der Anbauten geworden wäre, zumal da einige von diesen das Grundwort . . . „ecke" führen.

Bestimmter erscheint eine gewiß militairische Wehr in der Richtung von Nordwest nach Südost beinahe dem Gebirgsfuße parallel von der Mittellinie Steinhagen-Brockhagen bis zu den Schabeharder Erdwerken (S. 39); für ihre Fortsetzung Senne einwärts sprechen bis jetzt und zwar, wenn eine gerade Flucht etwa auf Friedrichsdorf anzunehmen, nur die Flur- und Hausnamen Hagemeier, Rabeneck und Henke, also wenig Anzeichen; oder schloß sie an folgenden Zug?

Des nördlichen Endstückes baar, schneidet zwischen den Höfen Rebeker, Disterhus,[2]) Landwehrjohann, Schlüppmann und (Sch.) Erley, ein Hagen mitten durch die Bauerschaft Avenwebbe, im Norden zu vermuthen bis Schirl,[3]) im Südwesten ungefähr nachzuweisen bis Strangmann, wo er also die Isselhorst-Rehäger Linie erreicht. Sind ihm etwa Strecken der oben (S. 15) erwähnten Römerstraße eingeschaltet?

Wie viele Jahrhunderte mögen geschwunden, welche Kriegsvölker her- und hingegangen, wieviel Schweiß- und Blutstropfen vergossen sein, bis die Senne mit solchen Werken im Innern verschränkt im Aeußern grabezu umschlossen war.

Während sich im Osten natürliche und künstliche Wehren paarten, lagerten sich auf der Westflanke, wo die Natur außer der Möse allen Schutz versagt hatte, die Landwehren verdoppelt und strichweise verdreifacht gegen die Senne vor. Vor Allem bemerkenswerth sind in der Ostgegend von Wiedenbrück, das schon in Römerzeiten als Knoten-

---

[1]) z. B. von Adämmer über Hövelhof, Dämmer (oben S. 8) und Renneke, von Moosdorf zum Emstrug, vom Dörenkrug zum Furlkrug — alle ungefähr in der Richtung auf das Steinhorster Fundgebiet (S. 7, 41 N. 2). Unfern davon erhob sich die bedeutsame Volksburg Haspelkamp.

[2]) Namen mit „Ost" . . . „West" . . ., welche Flankenpunkten eines Altwerkes anhafteten, bezeichnen das Verhältniß der beiderseitigen Lage näher. Andere Bezeichnungen, die ein solches Verhältniß ausdrücken, sind stellenweise, wie es scheint, nicht nach heutigen Hauptorten, sondern nach (älteren) Volksplätzen oder Gemeinden, bemessen: es liegt z. B. der Hof Overhage zu Werne nicht an der diesem Orte ab- sondern zugewandten Seite einer Landwehr.

[3]) Die Landwehren Brockhagen-Harsewinkel, Isselhorst-Rehäger, Avenwebbe-Schirl nach gütigen Berichten des Herrn Premier-Lieutenants a. D. Mattenklodt zu Bielefeld (Vgl. Westf. Ztschr. 53, 267) vom 25. März, 8. u. 16. April u. 14. Juni 1894.

punkt der Straßen eine außerordentliche Bedeutung beanspruchte,[1]) die aufgeworfenen Hügel zu Hülsei und die aus kürzeren oder längeren Zügen zusammengesetzten Erdwehren, die im Westen und Osten des Meiers zu Frankenfeld nach Süden und Norden gegen die Senne aufziehen (S. 41). Weil die Hülseier Werke und ebenso allerlei Funde zumeist der Westseite der Wehren zukommen, so richtet sich deren ganzes System auch hier deutlich gegen die Senne, und einige Werke wohl auch gegen Angriffe vom fernen Osten überhaupt.[2])

Ein Blick auf die Karte überzeugt uns, daß die bedeutenderen Dammzüge gleich den römischen Erdwerken mit Kirchspiels- geschweige mit Landes- und Gaugrenzen[3]) keine oder nur eine zufällige Gemeinschaft haben — es sind Erzeugnisse altersgrauer Vorzeiten. Im Westen zieht sich der Senne eine Zone fränkischer Bodenfunde entlang über Stromberg[4]) westlich neben Burgfechtel (S. 40) her durchs Liesbornsche[5]) bis nach Erwitte. Und ebenso reihen sich im Osten der Senne von Oesterholz bis Schlangen und Lippspringe außer eigenthümlichen Metall- und Glassachen Funde von Urnen, deren gefällige Form oder Verzierung[6]) eine sächsisch-fränkische Entstehung vermuthen lassen. Wie sich

---

[1]) Gerade in der Mitte des Bogens, mit dem sich die Ems vor die Döningpäße von Bielefeld, Oerlinghausen, Stapellage, Dören spannt, war der bortige Flußübergang auch von hoher Wichtigkeit wie in den Römer- (vgl. Hülsenbeck, a. O. S. 7, 42.) so auch in den späteren Kriegen.

[2]) Im Norden, vielleicht auch im Süden Westfalens, kehrten als eigenartige Gruppe viele stellenweise einander nahe gelegene Landwehren ihre (starken) Fronten gegen Osten und Nordosten. Belege bei Niemann, a. O. S. 14—20. Nordhoff, Kunst- u. Gesch.-Denkmäler II, 15 ff. Müller, a. O. 1870, S. 279 f. also offenbar gegen Sachsen und gegen frühere Kriegshorden, die aus jenen Richtungen (Vgl. auch Dr. Wernecke in der Westfäl. Ztschr. 32, II, 36, 51) zu Raub und Eroberung einbrachen, die eine nach der andern. Vgl. E. Platner, Spuren deutscher Bevölkerung zur Zeit slavischer Herrschaft östlich von Elbe und Saale in den Forschungen zur deutschen Gesch. (1877) XVII, 409.

[3]) Auf die Gau- oder Stammes-Scheidung hatten offenbar (außer den Westf. Ztschr. 53, 311 erwähnten) ursprünglich einen weitergehenden Einfluß die Landwehren Peheim-Essen (im Oldenburgischen Münsterlande bei Niemann a. O. S. 33) und jene auf der Südwestseite Westfalens bei Crecelius a. O. 27, 296 u. Fahne a. O. IV, 29, XIV, 156 f.

[4]) Vgl. F. A. Borggreves Ausgrabungsberichte (Westfäl. Ztschr. 53, 40) bei der Königl. Regierung zu Münster. Acta specialia. Abth. III, 60 Nr. 2. Vol. 5

[5]) Vgl. oben S. 15 und die die Funde bei Hölzermann a. O. Taf. I, Nr. 10, 11. S. 48, 49.

[6]) Bei Tappe, Nachtrag S. 26, 30 Taf. I, Nr. 9, 10, 14, 15, 16. Vgl. mit Nr. 15 Kunst- u. Gesch.-Denkmäler I, 22, Fig. 16, mit Fig. 10 Bonner Jahrbb. 93. Taf. II, ff.

also einst die germanischen Alterthümer zu den römischen, so lagerten sich später zu den fränkischen die sächsischen und unter allen insgesammt befinden sich unstreitig noch manche, von deren Urhebern wir keine oder eine höchst allgemeine Ahnung haben. Wenn die Franken auf ihren Zügen nach Paderborn, Detmold und zur Weser die Senne trafen oder berührten, so diente sie den Sachsen gewiß, wie die Einöde (deserta) ihren Stammesbrüdern im Norden als Zuflucht und Hinterhalt, um dem Franken= und Christenthume zu entgehen und zu widerstehen.[1])

Der Senne verleihen der Flächeninhalt, die eigenartigen Delbrücker Kleinfunde, die Zahl und Lage der Wege und zumal die Grenzwehren ein ganz besonderes Ansehen in der Alterthumskunde[2]); da sie gegenseits wieder große Fundblößen hat, so mag ihr, was Menge und Vertheilung betrifft, manche (kleine) Heide den Vorrang bestreiten oder abgewinnen.[3])

* * *

Unsere antiquarischen Erörterungen[4]) über das Delbrücker Land, geschweige über die Senne bedeuten nicht mehr, als eine Skizze; nähere Aufschlüsse verspricht eine sorgfältige und schleunige Untersuchung: eine schleunige, weil die Denkmäler seither arge Einbuße erlitten haben, weil ihre Reste und Spuren täglich weiter dem Verderben und Erlöschen anheimfallen; sorgfältig bezieht sich einmal auf die Oertlichkeit, daß diese bis in die entlegensten Winkel durchmustert werde, sodann auf die Denkmäler insgesammt. Bei einer gleichzeitigen und gleichmäßigen Erhebung der unscheinbaren wie der monumentalen zeigt oft der eine

---

[1]) Vgl. Nordhoff im Historischen Jahrbuche 1890. S. 296. Müller a. O. 1867. S. 350.

[2]) Ueber das verwandte Sandgebiet um Borken (auf dem Braem) vgl. v. Veith in Bonner Jahrbb. 84, 1 ff. R. u. Westhoff das. 96, 184 ff.

[3]) Ueberhaupt sind die Heiden von den Urvölkern, so lange es diesen auf Acker- und Hausbau wenig oder gar nicht ankam, vielfach aufgesucht und ausgenutzt, falls darin nur sporadisch Wachsthum und Gehölz zu finden war (Vgl. oben S. 29 f.); denn so gewährten sie außer dem freien Hanthieren, was große Wälder verhinderten, Atzung dem Vieh und Obdach den Menschen. Daher erklärt sich vielleicht die auffallende Erscheinung, daß so viele wilde oder gemeine Gründe geradezu eine Fülle von kleinen oder größern Denkmälern besaßen oder noch besitzen, nachdem fruchtbare Striche daran unter Culturen und andere Neuerungen Verluste über Verluste erlitten haben. Heiden, welche jeglicher Altwerke entrathen, waren einst, das bedarf kaum weiterer Worte, mit Wasser, Wehsand oder einer nichtsnutzigen Krume bedeckt.

[4]) Vgl. R. u. W. in der Westf. Ztschr. 53, 295.

Fund den andern an, ergänzt und beleuchtet ihn (S. 1.) Jedes Alter=
thum ist eine Urkunde, zumal wenn ihre Aussage unterstützt wird von
den orts= und zeitverwandten Zeugen.

Die Senne war in Urzeiten, so viel erhellt mit Gewißheit aus
dieser Schrift,[1] bis auf einzelne Saumstreifen und Delbrücker Striche
menschenleer, und dennoch in den fränkischen Kriegen bedeutsam, in
Römerzeit gar ein lebhafter Verkehrs= und Tummelplatz. — Diese höchst
wichtigen Errungenschaften der Denkmälerkunde werfen zugleich helle
Streiflichter wie auf die einstige Bedeutung der unwirthlichen Einöde
so auf das äußere Kriegsgebahren der Römer.

---

[1] Mancherlei Denkmäler der Umgegend von Delbrück und Wiedenbrück hat,
wie 1896/97 den Alterthümer-Complex zu Heerde bei Herzebrock, der Kaufmann Herr
Hugo Brenken zu Wiedenbrück entdeckt, theils in Beschreibung, theils in geographischen
Aufnahmen dem Kartenwerke und viele Kleinfunde laut Schreiben von 1897 7, 1.
dem Museum seiner Wohnstadt überlassen. Ihm, sowie dem Herrn Mattenklodt (vgl.
Westf. Ztschr. 53, 267; 54, 189) sei für die einsichtsvollen Forschungen und reichhaltigen Beiträge der herzlichste Dank ausgesprochen.

Nachträge.

S. 9. Herr Vereins=Director Dr. Mertens hält laut Schreiben
von 1898 22, 6. den Haspelkamp für „ein ursprünglich römisches oder
von den Römern benutztes germanisches Lager" ..., er zieht auch eine
römische Straßenlinie von Steinhorst über ihn, westlich von Hövelhof,
östlich von Schloß Holte zum Gebirge, das etwa zwischen Oerlinghausen
und Brackwede getroffen wird, eine andere vom Haspelkamp zum
Sandkrug in der Richtung auf Neuhaus, eine dritte ebendorther in
der Richtung auf Rietberg, letztere also beinahe in die Flucht des oben
(S. 41 N. 2) vermerkten Dreidammes.

S. 12, 23. Zu den Alterthümern von Pyrmont kommen noch
ein massives Wagenrad aus Holz im dortigen Amtshause — und an
Bronzesachen ein Draht, ein aus Kügelchen gereihter Schmuck und (von
Holzhausen) zwei offene Ringe in der Sammlung des Herrn Sanitäts=
rathes Dr. A. Schüching.

S. 23. Die alte Heerstraße der Emmer genauer zu bestimmen, hat Herr Richard Böger zu Pyrmont zunächst bereitwillig meine Schritte unterstützt, dann selbständig auf den Ufern und Bergen des Flusses eifrige Untersuchungen bis zur Weser angestellt. Dafür gebührt ihm ein um so wärmerer Dank, als dieselben ebenso schwierig, wie ausgiebig, und die mit Kartenskizzen erläuterten Berichte, worin er vom 8. Juni bis 2. Juli d. J. die meist unbekannten Ergebnisse zur öffentlichen Benutzung niedergelegt hat, sehr ausführlich und in örtlicher Hinsicht genau waren. Da es nicht angeht, diese, zumal was die einzelnen Wegstrecken betrifft, hier auch nur in Auszügen wiederzugeben, so seien darnach einzelne Denkmäler, welche auf den Charakter und die Bedeutung des Straßenzuges ein weiteres Licht werfen, einfach erwähnt: im Süden von Lügde eine (runde) „Hünenburg", wobei ein steinerner Streithammer lag, rechts, und die „Römerschanzen" links vom Wormlebache gegenüber der Hermannsburg; ostwärts in der Umgegend von Amelgatzen eine Römermünze (aus Bronze), gefunden zu Hämelschenburg im Besitze des dortigen Pastors Morgenstern, am rechten Ufer auf der „Krebsburg" eine viereckige Umwallung gegenüber der dortigen Hünenburg und sieben römische Silbermünzen des Freiherrn von Stietenkron seit mehr als hundert Jahren ausgepflügt „auf den Köpfen am Landert" zu Welsede.

S. 42. Nachdem von Schneider Neue Beiträge XI, 17 u. Heer- und Handelswege VIII, 5 im Norden der Lippe oberhalb Kappel eine Römerstraße nachdrücklich in Abrede gestellt ist, muß dort eine solche auf einem Meßtischblatte um so mehr überraschen, als auch Dr. Mertens in einem Schreiben vom 22. Juni d. J. Spuren davon in der Richtung von Mantinghausen auf Boke andeutet. Diese Spuren und ihre etwaigen Flankenfunde bedürfen also nunmehr einer genauen Untersuchung, die auf die Gestalt, Richtung und Bedeutung der ursprünglichen Anlage abzielt. Sollte sich herausstellen, daß sie die Flucht der von uns zwischen Nebbeke und Mantinghausen angeführten „Landwehr" einschlägt, dann käme es weiter darauf an, festzustellen, in welchem Zusammenhang beide stehen, und falls sie Linie und Beschaffenheit gemein haben, ob dann in dem vereinten Zuge, wie hier bezüglich der Nebbeker Theilstrecke mit unserm Gewährsmanne angenommen, eine Landwehr oder eine Römerstraße vorliegt. Ortskundigen Alterthumsfreunden ist die Angelegenheit schon unterbreitet.

S. 44, N. 4. In Borggreves Berichten über Stromberg wird unterm Datum 1863 18, 12. von dort als interessantes Fund-

ftück ein alter germanischer Spaten genannt, dem ähnlich ein Fund=
ftück vom Museum zu Berlin acquiriert fei.

Unterm Datum 1865 24, 10. heißt es: „Die Grabstelle liegt
unmittelbar an dem Belauf des (Weg=Auffehers) Bennemann an der
Hamm=Wiebenbrücker Straße."

Was nun das Refultat der Arbeit betrifft, fo berichte ich dar=
über vorläufig Folgendes: Auf den Grundstücken Flur X Nr. 183/82 und
Nr. 182/84 der Steuergemeinde Kirchspiel (Oelde foll heißen:) Strom=
berg hat fich vor mehreren Jahren eine etwa 2½ Fuß hohe Kugel=
fegment ähnliche Erhöhung von etwa 15 Ruthen Durchmeffer befunden.
Diefe ift zur Melioration der Aecker abgetragen, und find bei diefer
Gelegenheit bereits früher mehrere Geräthfchaften aufgefunden, jedoch
verfchleudert worden.

Was fich noch jetzt in dem Trumme (!) diefes Segments gefunden
hat, beftehet aus Topffcherben (darunter mit Stahlen und Henkeln),
kleinen Krügen, Pfeilfpitzen, einer Scheere, Schlüffel, Charnire, kleinen
Meffern, Spaten, Dolchen, Wagenbefchlägen, Sporen, Steigbügel,
Knochen von Schweinen, alterthümlichen Hufeifen und Stücken, deren
Zweck zur Zeit noch unbekannt ift. Nach dem Habitus der Fundftücke
gehören diefe . . . der Merovingifchen Zeitperiode an. Alle Stücke
find verhältnißmäßig roh und fchlecht gearbeitet."

„Nach allem diefem kann man wohl annehmen, daß die Erhöhung
die umzäunte Wohnftätte eines Kolonen war, und ift die Nachgrabung
nur um besmillen intereffant, weil aus den Stücken gefchloffen werden
kann, wie fich der Haushalt eines folchen Colonen damals geftaltete."

Inhalt.